国际儒学联合会资助出版

典亮世界丛书

國際儒學聯合會·典亮世界丛书

安不忘危
居安思危

吴根友　刘思源　编著

人民出版社

出 版 说 明

　　2014 年 9 月 24 日，习近平主席在纪念孔子诞辰 2565 周年国际学术研讨会暨国际儒学联合会第五届会员大会开幕会上的讲话中，提出了包括儒家思想在内的中国优秀传统文化中蕴藏着解决当代人类面临的难题的重要启示："关于道法自然、天人合一的思想，关于天下为公、大同世界的思想，关于自强不息、厚德载物的思想，关于以民为本、安民富民乐民的思想，关于为政以德、政者正也的思想，关于苟日新日日新又日新、革故鼎新、与时俱进的思想，关于脚踏实地、实事求是的思想，关于经世致用、知行合一、躬行实践的思想，关于集思广益、博施众利、群策群力的思想，关于仁者爱人、以德立人的思想，关于以诚待人、讲信修睦的思想，关于清廉从政、勤勉奉公的思想，关于俭约自守、力戒奢华的思想，关于中和、泰和、求同存异、和而不同、和谐相处的思想，关于安不忘危、存不忘亡、治不忘乱、居安思危的思想，等等。"习近平主席的重要讲话高屋建瓴，视野宏大，思想深邃，深刻阐明了中华优秀传统文化为人们认识和改造世界提供的有益启迪，为治国理政提供的有益启示，为道德建设提供的有益启发，对传承弘扬中华优秀传统文化具有长远的根本的指导意义。

　　为把学习贯彻落实习近平主席这一重要讲话精神进一步引向

安不忘危　居安思危

深入，国际儒学联合会与人民出版社共同策划了"典亮世界丛书"。丛书面向对中华文化感兴趣的海内外读者，以习近平新时代中国特色社会主义思想为指导，结合新时代中国的治国理政实践，由在中华传统文化领域深耕多年的学者担纲编写，从浩如烟海的中华典籍中精选与这十五个重要启示密切相关的典文，对其进行节选、注释、翻译和解析，赋予其新的涵义，以帮助读者更好地理解中华优秀传统文化之于当代中国的价值，为解决当代人类面临的难题提供中国方案，让中国优秀传统文化同世界各国优秀文化一道造福人类！

我们应秉持历史照鉴未来的理念，传承创新包括儒学在内的中华传统文化，把那些跨越时空、超越国度、具有当代价值的文化精神弘扬起来，倡导求同存异，消弭隔阂，增进互信，促进文明和谐共生，弘扬和平、发展、公平、正义、民主、自由的全人类共同价值，为共创后疫情时代美好世界、推动构建人类命运共同体而努力。

国际儒学联合会、人民出版社

2022 年 4 月

目 录

引　言

　　"安不忘危，居安思危"的意识或思想在中国传统思想文化中有着丰富的表达，如《周易·系辞下》云："危者，安其位者也。亡者，保其存者也。乱者，有其治者也。是故君子安而不忘危，存而不忘亡，治而不忘乱，是以身安而国家可保也。"安不忘危、存不忘亡、治不忘乱的思想是中华民族在长期的历史进程中逐步形成和发展起来的居安思危意识，它构成了中华文化精神意识的有机组成部分，是中华文明内在精神品格的重要体现。究极而言，"安不忘危，居安思危"的核心精神是富有远见的"忧患意识"。这一"忧患意识"使中华民族一次又一次地克服外在的险难，战胜自我的懈怠，从远古连续不断地走到今天，并将会进一步引导我们从现在稳步地走向未来。

一、"安不忘危，居安思危"与忧患意识

　　"安不忘危，居安思危"的思想或忧患意识，可谓是其来有自，源远流长。作为心理和精神现象的忧患意识发生和形成得很早，按照现代新儒家徐复观先生的说法，它可以追溯到殷周之际。徐先生依据《易传》认为，"周文王与殷纣间的微妙而困难的处境"[①]诱发

---

① 徐复观：《中国人性论史·先秦篇》，九州出版社 2014 年版，第 20 页。

1

了忧患意识，并把忧患意识视为"一种新精神的跃动"，阐明其意义在于为传统宗教指明了新的方向，也推动了中国古代文化的新发展。事实上，作为语词的"忧患"与作为文化术语、概念的"忧患意识"均相对晚出。从词源学的角度来看，"忧患"一词最早可以追溯到先秦时期。据现有的研究，"忧患"不见于战国以前的文献中，学界多持"战国中期说"。如《系辞下》有"作《易》者，其有忧患乎"和"明于忧患之故"的说法；《孟子》留下了"生于忧患而死于安乐"的传世名句；《庄子》的外篇和杂篇均有"忧患"之言；如此等等。一般认为，现代思想家当中，徐复观先生是较早从忧患意识的层面来理解和把握中华文化精神的，他关于忧患意识的论述也颇具创发性。"忧患意识"命题的提出自然离不开徐先生的功劳，20世纪60年代，他在《中国人性论史·先秦篇》一书中正式提出了这一概念，为后人所继承，沿用至今。所以，作为概念的"忧患意识"只有近五十年的历史，实在是现代的发明。

"人之生也，与忧俱生"（《庄子·至乐》），人之忧患伴随人的诞生而来。易言之，此"忧"与人的生存或存在问题密切相关。然而，严格来说，人类基于自我保存之本能而萌发的担心、恐惧之"忧"（尤其是人类早期，面对的危险主要来自于自然界），在徐先生看来尚且不能被称之为忧患意识。他明确区分了忧患意识与"作为原始宗教动机的恐怖、绝望"，进而对前者做出了界定："忧患心理的形成，乃是从当事者对吉凶成败的深思熟虑而来的远见。"[1] 所以，忧患是与生俱来的，但忧患意识则是长期历史经验的积淀、总结和理性思维进步的结果。它是一种超越人之自然本能、精神自觉的表现。

《易传》表现出来的忧患意识主要是以解释《易经》为基础发展而来。《易经》的卦爻辞表明事物永远处在变化的过程之中，阐明了

---

[1]　徐复观：《中国人性论史·先秦篇》，九州出版社2014年版，第20页。

相反相成、物极必反的哲理。如果人们对于这一规律或普遍原理有所认识和把握，就可以理解安危、存亡、治乱之间的相互对立和转化。从某种意义上说，这种朴素的辩证思维构成了"安不忘危，居安思危"的思想前提。正是基于"易"的辩证法，中华的先哲们认识到了治乱相因、盛衰无常的社会政治现象。回到殷周之际的历史情境中，周人尤为强调"敬"与"德"，这种情况的出现与天命观的革新有关："天命不易"的观念不再为周的统治者所信奉，取而代之的是"天命靡常""以德配天"。其中虽然有为"周革殷命"的辩护和为政权提供合法依据的政治动机，但它对于促进人文精神的蜕变意义重大：理性的光芒穿过原始宗教的层层笼罩进入现实世界，人的目光逐渐从天上转向人间、由神转向人，外在力量的束缚慢慢退去，作为个体的人的主动性亦随之逐步得到彰显，尤其是对统治者的德性提出了更高的要求。徐复观先生还认为，唯有自己担当起问题的责任而不是推诿或托交给神的时候，才有忧患意识。

　　"忧患意识"提出后，得到了学界的积极回应，现代新儒家的另一代表人物牟宗三先生就是一个典型的例子。牟先生把中国哲学定位为"生命的学问"，认为其重点是生命与德性。受徐先生的启发，他在《中国哲学的重点何以落在主体性与道德性》一文中指出："中国哲学之重道德性是根源于忧患的意识。"[1] 基于这种观点，我们认为，忧患意识与成德意识须臾不可分离。依儒家之理想，政治目标的达成与实现必以德性的实践为起点，即由"内圣"而开出"外王"。马克思主义哲学史家萧萐父先生在阐述"人文易与民族魂"的关系时，将忧患意识看作是"民族魂"的第一序要素。[2] 因此，忧患意识实际上蕴含了个人与国家、内与外的双重维度。一方面，从个人或内圣

[1] 牟宗三著，罗义俊编：《中国哲学的特质》，上海古籍出版社2007年版，第11页。
[2] 萧萐父：《吹沙二集》，巴蜀书社2007年版，第80页。

的层次看，忧患意识主要表现为对道德意识和道德修养的强调与追寻，因为个体的幸福与生活的美好即内在于有德性的生命之中。另一方面，从国家或外王的层次看，则主要表现为政治治理的理想实现与政权的长期维持。这两个层面相互关涉，又存在着历史的逻辑。显然，儒家的"内圣"之学表现为对所有人的普遍要求，但在周代并不如此。我们从《尚书》《诗经》等典籍记录的周代情况可以看出，统治者往往将关注个人的德性、天命之承载与所拥有的王权和王国的长治久安结合起来，故《系辞下》说"身安而国家可保"。也就是说，在周代，政治稳定是保有德性的根本旨归，所以对道德的要求不是面向社会的所有个体，而主要是以周天子为代表的统治者。后来，孔子首开私学之风气，官学下移，"士"的内涵也发生了变化，德性逐步变成包括社会上有德无位的士君子在内的所有人的内在精神追求，所以才有了《大学》所谓"自天子以至于庶人，壹是皆以修身为本"的说法。士君子在野为士，入朝为官，"穷则独善其身，达则兼济天下"（《孟子·尽心上》）。

总之，中国古代的忧患意识既表现为对理想人格的期许与追求，也表现为对现实政治生活及其走向的关心与担忧。而且，在古代中国"家国同构"的治理模式下，个人、家庭与国家紧密相连，个人之忧患与家国之忧患难舍难分，具有内在的统一性。

二、中国历代有关"安不忘危，居安思危"的思想

对个人与国家之生存与命运的探寻是人类思想少数的永恒主题之一。在不同的历史时期，这一主题所表现出来的时代情形有着共性，也有特殊性。"安不忘危，居安思危"作为一种辩证的、总体性的指导原则，它的具体内涵随着时代的发展而丰富。由于其涉及的内容广泛，只能以时间为线索进行简要地勾勒。

《尚书》所记录的一些周初文献集中体现了周人强烈的忧患意

识，主要通过对周文王美德的称颂和对周天子的劝勉与警示表现出来。周的统治者极端强调"德"的做法对后世的影响不可谓不深远，以至于在某种程度上使得道德成为政治秩序的正当性基础。较为全面呈现周人社会生活面貌的《诗经》，"大抵贤圣发愤之作"，故多讽喻之言、忧患之辞，今天我们所熟悉的"未雨绸缪""战战兢兢""如临深渊、如履薄冰"等成语莫不出于此。此外，经过经学家的不断阐释和建构之后，《诗经》中有关"安不忘危，居安思危"的思想更加突出，如清人刘熙载说："大雅之变，具忧世之怀；小雅之变，多忧生之意。"（《艺概·诗概》）诗成为了解国家治乱、政治得失的重要载体，故《诗·大序》云："治世之音安以乐，其政和；乱世之音怨以怒，其政乖；亡国之音哀以思，其民困。故正得失，动天地，感鬼神，莫近于诗。"

春秋战国时期，礼崩乐坏、诸侯争霸，天下失道进而无道，先秦诸子的忧患意识极为高涨。富有洞见和前瞻意识的先哲们，为个人的安身立命与国家治理提供了宝贵的人生智慧和政治智慧。"安不忘危，居安思危"是他们的思想共识，但他们提出的具体方案则各有特色。仅以儒家、墨家、道家和法家为例，进行扼要说明。孔子一生以复兴周礼为之志，期许政治秩序重新回归和谐的状态，他说："周监于二代，郁郁乎文哉，吾从周。"（《论语·八佾》）孔子提出了"人无远虑，必有近忧"（《论语·卫灵公》）的观点，主张人要以长远的眼光考虑安危的问题。在孔子看来，安顿身心、立身处世是个人之忧患的核心，它的关键在于道德的修养和教化，如其云："德之不修，学之不讲，闻义不能徙，不善不能改，是吾忧也。"（《论语·述而》）孔子把"仁"作为最高的原则，相比于德性，贫富贵贱处在次要的位置。"仁"作为一种内在的精神追求，充分体现了"求诸己"的内省与自觉。孟子接续孔子的思想，一方面，也强调"反求诸己"，认为仁义礼智为我之固有，并指出祸福吉凶系于主体的行为；另一方面，他继承孔子"为政以德"的思想，在"人性善"的基础上提出了仁政的政治理想。"生于忧患，死于安乐"的命题是孟子对"安不忘危，居安思危"最深刻的阐发。它从个人与国家的角度彰显了忧患意识本身蕴藏的责任担当意识和坚忍不拔、奋发有为的进取精神。"安则虑危，曲重其豫"（《荀子·仲尼》），以及"先事虑事，先患虑患"（《荀子·大略》）等思想是荀子对"安不忘危"的表述。在治乱问题上，荀子主张"明于天人之分"，认为治乱在人不在天，并以"隆礼"的制度建设作为治国之道，表现出了可贵的政治理性并且极大地拓展了儒家政治哲学的人文理性向度。此外，他还提出了"君舟民水"的理念，与孟子的"民贵君轻"异曲同工，是中国古代民本思想的一次重要突破。墨子出于儒门，他创立的墨学曾是盛极一时的显学，故孟子有"天下之言，不归杨则归墨"（《孟子·滕文公下》）的夸张说法。墨家认为，天下不治而生乱的根由在于"一人一义，十人十义"（《墨子·尚同》），且是己之义而非人之义的丛林法则，以及"不相爱"的自私心理。所以，他提倡"尚同""兼爱"。"尚同"即是"天下一同于天子之义"，而"天子之义""上同于天"的爱民利民之义，下同于民情之需求。"兼爱"就是要做到视人若己、爱人如己，视人之国若己国。墨子认为国有"七患"并强调"备者，国之重也"（《墨子·七患》），因此主张"三备"。墨家是社会中下阶层利益的代表者，其有关民生的思想在今天也有参考价值。道家方面，老子深刻阐明了事物相反相成、对立面相互转化的辩证关系，认为"反"是道运动的总特征，提出了"祸兮，福之所倚；福兮，祸之所伏"（《老子·第五十八章》）、"为之于未有，治之于未乱"（《老子·第六十四章》）等思想。在国家治理上，要求侯王尊道贵德，进而达致"无为而治"的理想境界。韩非是法家思想的集大成者，他将法、术、势三者有机统一起来，形成了一套体系的治国手段和方法，在巩固君主专制统治和确立中央集权上扮演了重要的角色。韩非明确指出要"备危恐殆"（《韩非子·扬权》），认为"安危在是非，不在于强弱；存亡在虚实，不在于众寡"（《韩非子·安危》）。儒家与法家的思想是中国古典社会治道的两根重要支柱，"德治"与"法治"的关系也是后世政治家思索、争辩的重要议题，一直影响至今。除了这四家以外，其他学派对于"安不忘危，居安思危"均有重要且有意义的论述，不能一一展开。翻阅典籍，不难发现，与"安不忘危，居安思危"政治意识息息相关的"敬""慎""知几""预""备"等核心概念和思想精髓基本上都在先秦时期已经被提出和阐发。所以，先秦时期是"安不忘危，居安思危"思想的奠基期，为后世政治提供了整体框架和诸多基本原则。

秦统一六国前夕，相国吕不韦召集门客，杂糅百家之说，熔为一炉，著成《吕氏春秋》。该书蕴含了丰富的政治理想，认为"贤主于安思危，于达思穷，于得思丧"（《吕氏春秋·慎大》），能够听取谏言是国存主安的原因之一，否则"虽存必亡，虽安必危"（《吕氏春秋·直谏》）。应当看到，由于杂家著作博采众家，其内容甚为丰富，但也正因如此，其中的思想不免有抵牾之处。秦统一六国之后，建立了中国历史上第一个君主专制的中央集权国家。秦朝建立起的制度在实现"大一统"上发挥了重要的作用，以至于后来的思想家认为中国两千年来的制度、政治不过都是秦制、秦政的延续而已。这也为古代中国一治一乱、兴亡交替的历史现象的上演埋下了伏笔。另一方面，秦不过二世，短命而亡，成为秦王朝之后历代王朝政治家引以为鉴的对象。秦因暴政速亡的历史教训是极其深刻的，甚至可以说，秦以后的政治家但凡论及国家之治乱存亡，言必称秦。西汉初年，诸侯林立，成为威胁王朝的巨大隐患。贾谊深明汉王朝潜在的危险，直言"进言者皆曰天下已安已治矣，臣独以为未也"（《汉书·贾谊传》），多次上书陈治安之策，劝诫统治者认清事势，不可偷安。他的政治思想尤其是在处理诸侯王上的远见卓识深刻影响了日后汉朝的政策。后来，西汉皇室刘安召集门客撰成《淮南子》，此书着眼于汉王朝的长治久安，对秦王朝的灭亡做出了深刻的政治反思，在"国家之安危，百姓之治乱"问题上继续发扬了道家的辩证思想，进而提出了一系列的治术。东汉末期，天下由治而乱，此时已是仲长统所说的王朝的第三阶段，也是最后一个阶段——衰落与灭亡。崔寔曾把天下不能得到治理的原因归结为在位的君主坐享太平日久，不念居安思危，对于风俗渐坏、弊政滋生的现象毫无警惕之心。仲长统进一步发挥了崔氏的政论，指出治乱反复出现是"天道"使然，昏君庸主也不是天生的，多是受后天的影响。仲长统对于治乱兴替之规律的认识相比前人已经有了很大的进步，而且隐约看到造成这种现象的原因背后有更深刻的历史与社会变化规律。与这一情况相反的是，由于儒学在西汉走向了神学化的道路，受这种氛围的感染和熏陶，一些思想家不能摆脱"天人感应"和"命定论"的局限。这与先秦时期的子产、荀子相比，实际上表现出了政治理性、人文理性退步的迹象。

两汉以后，中国再次进入社会动荡、朝代频繁更迭的时期，一直到了唐朝，才重新回到长治的局面。唐代第一个盛世——"贞观之治"的开创者唐太宗勤勉政事、虚心纳谏，具备了优秀的个人品质，往往被视为明君贤主的典范。贞观之初，太宗就与身边的大臣讨论创业与守成的问题，以此自警，努力做到慎终如始。他尝言："安不忘危，理不忘乱，虽知今日无事，亦须思其终始。"（《贞观政要·论慎终第四十》）平时又非常注重对太子和诸王的教导，以防他们不知稼穑艰难而骄奢淫逸，最终灭身亡国。当然，太宗明白，国家能够得到很好的治理，也离不开贤良之才的辅佐，是君臣一体、齐心协力的结果。以魏徵为代表的谏臣在约束太宗权力，规范和纠正其行为发挥了重要的作用，多有"居安思危"的劝警之言。不过，即便是唐太宗这样的明主在后期也未能葆住初心，开始"渐不克终"，君主专制的弊端也再次显现出来。大约在近三百年的时间，唐朝也最终走向灭亡。两宋时期，面临着内忧外患，传统士大夫的忧患意识也尤为强烈。欧阳修在反思后唐之兴亡时，一反"盛衰之理"在于天命的观点，主张"人事"是根本原因，阐述了"忧劳可以兴国，逸豫可以亡身"（《新五代史·伶官传序》）的道理。范仲淹遥接先秦儒家之忧乐观，发出了"先天下之忧而忧，后天下之乐而乐"的时代强音，极为高昂而优雅地体现了宋代士大夫的家国情怀和担当意识。司马光主编的《资治通鉴》是对历代兴衰成败经验教训的一次重要总结，为后人留下了宝贵的关于政治治理的财富。南宋偏安，"居高念下，处安思危，照临有度，纪律无亏"（《乐府诗集·皇复》）的道理既是继承前人的思想，也是对当时统治者的警告。明清之际，黄宗羲、顾炎武、王夫之等启蒙思想家在反思、总结中国历史治乱兴亡经验的基础上将矛头对准君主专制政治体制，掀起了一股批判君主专制的早期启蒙思潮。如黄宗羲从"公天下"的立场指出"天下之治乱，不在一姓之兴亡，而在万民之忧乐"（《明夷待访录·原臣》）；王夫之则从"公"与"私"的角度说道："一姓之兴亡，私也，而生民之生死，公也。"（《读通鉴论》）顾炎武区分了"亡国"与"亡天下"，明确反对君主"独治"而主张"众治"，倡导分权。这些民主思想是对君主专制制度下朝代更替、治乱循环原因的深入剖析，成为中国近代民主思想的先声。"安不忘危，居安思危"主要是指在安稳的环境中对未来可能发生的危险的预见与防备，它的另一面即是在动乱的形势下如何转危为安，这是忧患意识的两面。晚清以降，中华民族的"忧患意识"突出地表现为救亡图存的意识。以先进的科技军事、经济形态、政治制度为主要内容的西方文明对清王朝的冲击和渗透是根本性的，这激发了有识之士的变革思想，既有洋务运动、维新变法，也有革命潮流。清王朝的覆灭只是结束了中国古代社会的治乱循环，并不意味着"安不忘危，居安思危"的启示在现代民族国家中的作用失效了。总之，中国古代"安不忘危，居安思危"的思想主要是以治道和吏治为中心，它既体现了中国传统政治文化重视人的主观能动性的人文理性，但在现代民主政治面前也暴露出一种先天的和制度框架方面的缺憾。

三、"安不忘危，居安思危"与"历史周期率"

历史学家普遍关注国家兴衰、存亡及其规律的问题，政治家也不例外，因为这一问题从根本上首先是政治的问题。兹举两例略加说明。钱穆先生在其晚年回忆录《师友杂忆》一书中写道，自己十岁时进新式小学——果育学校读书，此校的体育老师钱伯圭先生是钱穆同族，知道钱穆喜欢读《三国演义》，便对其说："此等书可勿再读。此书一开首即云：'天下合久必分，分久必合，一治一乱'，此乃中国历史走上了错路，故有此态。若如今欧洲英法诸国，合了便不再分，治了便不再乱。我们此后正该学他们。"①这一番话对钱穆的心灵产生了"如巨雷轰顶"般的冲击和震撼。对于少年钱穆而言，这无疑是一次意义非凡的思想启蒙，成为其走上学术道路的重要机缘，以至于影响了他未来的学术研究，促使其倾尽毕生之心力探究"中西文化孰得孰失，孰优孰劣"的问题。等到钱穆先生在历史研究上已有所建树，反观这段教诲，心境自然有所不同。如在1961年的演讲中将钱伯圭的看法称为"文化的短视论"。他认为，从长期来看，"文化演进，总是如波浪式的，有起有落"②。政治的演进，何尝不是如此呢？所谓"长治久安"就是从长期、整体来看政治形势的结果。一个国家的发展，一个文明的演进，总是有低潮、高潮，内部也不可避免地会出现危乱。为此，我们要抛弃不切实际的苛求和乌托邦

---

① 钱穆：《八十忆双亲师友杂忆合刊》，九州出版社2011年版，第33页。
② 钱穆：《中国历史研究法》，九州出版社2011年版，第130页。

式的理想，树立危机意识，善于把握事物发展的动向，在灾祸发生之前有所预测、准备，以免除祸患或使其不至于发展到危及全局的地步，以实现"虽危无咎""虽危亦安"的理想状态，防止走向根本性的灭亡。

纵观中国古代政治史，分与合、治与乱的现象屡见不鲜，呈现出周期性变化的规律，有人将其概括为"历史周期率"。抗战胜利前夕，黄炎培访问延安，与毛泽东在窑洞里进行了一番对谈，史称"窑洞对"。在这次谈话中，黄炎培提出了"周期率"的说法："我生六十多年，耳闻的不说，所亲眼看到的，真所谓'其兴也浡焉'，'其亡也忽焉'，一人，一家，一团体，一地方，乃至一国，不少单位都没有能跳出这周期率的支配力。大凡初时聚精会神，没有一事不用心，没有一人不卖力，也许那时艰难困苦，只有从万死中觅取一生。既而环境渐渐好转了，精神也就渐渐放下了。有的因为历时长久，自然地惰性发作，由少数演为多数，到风气养成，虽有大力，无法扭转，并且无法补救。也有为了区域一步步扩大了，它的扩大，有的出于自然发展，有的为功业欲所驱使，强求发展。到干部人才渐见竭蹶、艰于应付的时候，环境倒越加复杂起来了，控制力不免趋于薄弱了。一部历史，'政怠宦成'的也有，'人亡政息'的也有，'求荣取辱'的也有。总之没有能跳出这周期率。中共诸君从过去到现在，我略略了解的了。就是希望找出一条新路，来跳出这周期率的支配。"[①] 黄炎培所说的"周期率"本于《左传》："禹、汤罪己，其兴也悖焉；桀、纣罪人，其亡也忽焉。"(《庄公十一年》)它的本义只是说禹、汤与桀、纣的个人做法关乎国家的兴亡，黄氏将其泛化为对历代兴亡及其规律的解释。在他看来，"其兴也浡焉"，"其亡也忽焉"这一周期率的支配范围小至个人，大到国家。将这一周期率运

---

① 黄炎培：《八十年来》，中国文史出版社 1982 年版，第 172 页。

用到社会政治历史现象的解释中，便有了所谓"历史周期率"的讲法。"历史周期率"是对一治一乱循环不已的现代表述，蕴含了"安不忘危，居安思危"的思想。更关键的地方在于，如何找到一条避免政权更迭，重复循环悲剧的出路，也就是如何跳出"历史周期率"。如果说研究"历史周期率"发生的根由、机制主要是历史学家的任务，那么，如何在现实政治的操作层面建立起一套"安不忘危，居安思危"制度安排，避免治乱循环的上演则主要是政治家的任务。所以政治家不仅要有远见，还要有历史的眼光。毛泽东认为中共已经找到了跳出"历史周期率"的"新路"，那就是民主，他说："只有让人民来监督政府，政府才不敢松懈。只有人人起来负责，才不会人亡政息。"①这条"新路"是基于现代政治价值和政治实践探索出来的，主要是从制度的层面对中国千百年来的政治失败现象进行总结和反思。人民民主方案的提出也恰恰戳中了中国古代统治者的痛点和政治制度的弊端。在今天，面对复杂的国际国内形势和新的风险与挑战，如何跳出"历史周期率"仍然是中国共产党人不可回避的课题。

四、"安不忘危，居安思危"的现代转化

古人从辩证法的角度阐述了治乱相因、安危相易、祸福相生的普遍道理，在此基础上不断反思中国古代王朝政权兴衰存亡的历史现象，丰富"安不忘危，居安思危"的思想。这一思想包罗万象，不限于政治领域，而且延伸到了经济、军事、外交等诸多领域。其中许多观念至今都闪耀着真理的光芒，对今天有着重要的借鉴和启迪意义，值得深思。

一个时代的精神状况与该时代的社会状况，即这一时代面临的问题密切相关。时过境迁，当代中国与世界面临的个人与国家问题

---

① 黄炎培：《八十年来》，中国文史出版社1982年版，第172页。

发生了根本性的变化。中国传统"安不忘危，居安思危"的一般性原理在今天仍有指导意义，但囿于历史的局限，某些具体的思想内容已不能完全适用于现代社会，不能完全应对现代问题；同时也应当看到，中国古典社会"安不忘危，居安思危"的思想中存在着糟粕，如维护和宣扬君权，以及其中蕴涵着狡诈的御民之术等，对此要以批判的眼光审视。因此，结合时代条件和当代中国治国理政的具体实践，也就是古人常说的"时"与"势"，对传统"安不忘危，居安思危"的思想进行现代转化，做到与时俱进、因时而变、因势而变，以构建符合现代观念与价值的"安不忘危，居安思危"的思想，是时代赋予的任务。这一任务的展开是建立在全面认识中国古典"安不忘危，居安思危"思想的积极面与消极面的基础之上的，具体来说，就是要采取和坚持去伪存真，去粗取精，取其精华、去其糟粕的基本立场和态度。

中国传统"安不忘危，居安思危"的思想或忧患意识主要体现在忧己、忧民、忧君和忧国等方面。在今天，我们要对这一思想有所扬弃，保留和继承忧己、忧民的思想，摒弃忧君思想，改造忧国思想。这里的"国"不再是一家一姓之国，而是现代政治意义上的民族国家、人民的国家。在中国古代，忧国往往与"忧君"联系在一起，经过现代化的洗礼，中国传统的忧国与忧民在今天达到了真正的统一。此外，从今日来看，"忧党"则是传统"忧患意识"的新内涵，也是当代"忧患意识"的题中应有之义。在中国古汉语的语境和古代思想观念中，"党"偏向于贬义色彩和负面意义，作为现代政治产物的中国共产党，她在根本上与人民的利益和国家的利益是高度一致的。所以说，忧党、忧国、忧民意识构成了现代中国共产党人的集体"忧患意识"。回顾中国共产党的百年历程，可以看到她是一个在忧患中诞生、成长、壮大的政党。一个政权如何维系自身的长期存在与稳定是其必须要考虑的核心问题、首要问题。在中国特色社会主义新时代，中国共产党最大的忧患仍然是如何确保长期执政，带领中华民族实现民族复兴，不断从胜利走向胜利的问题，为此必须要一以贯之地增强忧患意识、防范风险挑战，做到慎始慎终、永葆初心。而保证长期执政的根本要义在于人心，古人素来强调民心向背对于一个国家治乱安危的极端重要性，如"君子未论行事之是非，先观众心之向背"（苏轼《上皇帝书》），他们形象地将统治者与人民的关系比喻为鱼与水、舟与水的关系，认为"得民心者得天下""保民而王，莫之能御也"（《梁惠王上》）。这是亘古不变、颠扑不破的真理。

创造性地转化传统"安不忘危，居安思危"的思想或忧患意识，既要重视其政治维度，也不能忽视其道德维度。其一，古语云"备豫不虞，为国常道"。历史不断地证明，越是在取得成绩、事业顺利的时候，越要有"如临深渊，如履薄冰"的忧患意识，做到居安思危、安不忘危。从国内形势来看，我们从未像今天一样接近中国民族伟大复兴的梦想，在这个时候，全党更要坚持底线思维、时刻牢记"安而不忘危，存而不忘亡，治而不忘乱"，发扬奋斗进取精神，努力开拓新局面。从世界形势来看，疫情下的世界再次证明了"安不忘危，居安思危"传统智慧的现代价值。在全球化时代，一个国家面对的问题往往是世界的问题，世界各国从未像现在一样命运与共，要携手共克难题。面对疫情，中国政府积极作为，充分彰显了大国责任感。这种责任感植根于忧患意识，中国的实际行动则是忧患意识的现实表达。徐复观先生早已明确说道："忧患是深入于困难情势之中，以自己的责任感，探索解决问题端绪的心理表现；这便不能安心于在实际上无所作为的信仰，而要求在实际的行为中解决问题。"① 同时，我们也认识到，新冠肺炎疫情的威胁已经是当前全人

---

① 徐复观：《儒家思想与现代社会》，九州出版社 2014 年版，第 100—101 页。

类所面临的共同困境，它造成的危害也是世界性的、世纪性的。因此，开展国际科研交流合作，共享信息、技术，显得尤为重要。面对世界性难题，忧患意识不仅是一种责任意识，还应当是一种协作意识。这种责任既表现为对本国的责任，也表现为对他国、世界的责任；同样的，协作意识也是主张超越国界、消除分歧，以谋求全人类的共同福祉为目标。其二，忧患意识蕴含的德性意味在盲目崇拜技术理性、工具理性的今天，可以起到拨乱反正的作用，回归价值理性，这对于重新思考和构建现代性的道德伦理具有积极的意义。此外，在人文精神失落、多元价值割裂的现代社会，面对诸种现代性问题和危机，每个人都要思考如何安身立命以及如何实现自我价值的问题。为此，我们应唤醒文化底层中的忧患意识，确立坐标，以指引未来的生活。

中华文明之所以能够成为世界上唯一一个没有中断的文明，延续数千年而不绝，与"安不忘危，居安思危"的古老智慧是密不可分的。这种超越时空的智慧，是理解中华文化的思想密码，也是探究中华民族精神的一把钥匙。徐复观先生曾说："忧患意识，一直贯穿于中国以后文化活动的底流之中，以形成其人文精神的特性。同时，以忧患意识为基底的人文精神，常将个人欲望消解于其对人类责任感之中；它和表现个人才智为中心之人文主义，在基调上完全是两样"①，萧萐父先生也指出："忧患意识是中华传统文化中一个特有的道德价值概念，标志着一种根源于历史自觉的社会责任感和敢于承担人间忧患的悲悯情怀。"②这就是说，忧患意识所关注的不仅是自我本身，它还要求人应有更加广大的眼光，即不局限于自我，不只是关心自己，还应推己及人，关心他人、社会、全人类。从这一

---

① 徐复观：《儒家思想与现代社会》，九州出版社 2014 年版，第 101 页。
② 萧萐父：《吹沙二集》，巴蜀书社 2007 年版，第 80 页。

点上来说，"忧患意识"可以成为"人类命运共同体"的重要思想支撑。在今天，凡是要思考一种文化的前途与未来，必要思考它对世界的重要性与意义。"忧患意识"虽然为中华传统文化所独有，但是在中华传统文化全面复兴、走出国门走向世界的当代，我们要更加彰显它的世界性意义，与全世界共享中国智慧，为世界贡献中国的思想力量。

"我们相信，真正的智慧是生于忧患。因为只有忧患，可以把我们之精神从一种定型的生活中解放出来，以产生一个超越而涵盖的胸襟，去看问题的表面与里面，来路与去路。"①立足现在，瞩望未来。中国与世界的出路必然在忧患中探寻，基于现代语境和政治实践，活化传统"安不忘危，居安思危"的思想或忧患意识，一方面，要反思中国历代政治得失，总结经验，从中汲取养分；另一方面，也不能忽视近现代大国政治兴衰成败的现实，直面纷繁复杂的现代性问题。"安不忘危，居安思危"的现代转化不仅是要助力于当代中国的政治实践，解决中国问题，更要致力于解决世界性的问题，以裨益于现代社会、现代文明。这是中华文明对今日世界可能之贡献。

---

① 唐君毅：《中华人文与当今世界》，学生书局 1978 年版，第 867 页。

第一篇

原　道

在中国传统哲学中，『道』既是一切规律和法则的总称，也是最终的根据、最高的价值和永恒的价值。特别是在政治领域，『道』既是治国的根本法则，也是国家的根本价值与一切秩序的根本与源头。天道虽然是自然的根本法则与规律，但与人世间的法则与历史变化的规律具有内在的联系，天道规定着人道，但人道可以效法天道，以实现天下大治、百姓平安、国运长久的目的。对『道』的特性及其现实表现的理性认识和把握，是所有圣君贤相所必备的基本素质，也是他们治国安邦的思想前提。因此，探究『道』的基本内容、表现形式和变化法则，是一切政治活动之本，是为『原道』。

王曰〔1〕："若昔大猷〔2〕，制治于未乱〔3〕，保邦于未危。"

——《尚书·周书·周官》

注释

〔1〕 王：指成王。

〔2〕 若：顺。大猷（yóu）：大道，指治国安邦之道。猷，道也。

〔3〕 制：制定。治：政教。

译文

成王说："顺从古代的大道，在国家还没有出现动乱的时候制定政教，在国家还没有出现危险的时候保护国家的根基。"

解析

《周官》一篇为伪书，叙述了周代的官制的主要框架。"大猷"指的是设置官职、治理政事的大道和法则。作者提出了"明王立政，不惟其官，惟其人"的观点。贤明的君王设立官长，不在于官职的多少，而在于任用贤人。设立不同的官职，任用贤能，使他们明确自己的职分、明察秋毫，顺利地处理各种事务，国家就可以得到治理。因此，顺从古道，设官用人的根本目标在于"制治于未乱，保邦于未危"。孔颖达疏云："治有失则乱，家不安则危。恐其乱则预为之制，虑其危则谋之使安，制其治于未乱之始，安其国于未危之前。"因此，在国家治理中建立和完善官制是思患预防的重大举措。

作者认为，为官之人应当恭敬地对待自己的职责，慎重地发布和推行政令，主张"令出惟行，弗惟反"。政令一旦发出，就要切实地实行，即便是官员也没有特权、不可违反，以此保证政令的有效性和普遍性。为了增强政令的合理性，避免造成混乱或朝令夕改的情况，应"议事以制"，即商议之后再制定政教或者裁决政事。治乱系于政，由此可见，古人对于官制和政事持有谨慎小心的态度。面对今天一些官员脱离群众、脱离实际"拍脑袋决策"的现象，应当深思《周官》中的忠告。

"亢"之为言也〔1〕，知进而不知退，知存而不知亡，知得而不知丧。其唯圣人乎〔2〕！知进退存亡而不失其正者，其唯圣人乎！

——《周易·乾》

注释

〔1〕亢：过也。

〔2〕其唯圣人乎：莫非是圣人啊！感叹的语气。又，此句王肃本"圣"作"愚"，与"知进而不知退，知存而不知亡，知得而不知丧"相对应，亦通。句读之不同也。其，表推测，大概之意。

译文

上九爻辞所说的"亢"，意在说明只知道前进而不知道后退，只知道眼前的存在而不知道此存在可能走向危亡，只知道一味地获取而不知道可能会丧失所得。大概只有圣人才懂得当进当退、可存可亡的道理而不错失正道吧，这大概只有圣人才懂得这个道理吧！

解析

这段典文是对《乾》卦上九爻辞的解释。《乾》卦上九爻辞说："亢龙，有悔。"《象》传对此解释："'亢龙有悔'，盈不可久也。"在易哲学系统中，《象》传，就是对卦爻辞进行解释的文字。对卦辞进行解释的"象传"称之为大象，对爻辞进行解释的"象传"称之为小象。这里以"盈"释"亢"，即是阐发物极必反的道理。"亢龙有悔"，借龙飞得过高就会产生悔吝之事象为喻，旨在说明事物达到盈满状态就会向相反的方向转化的道理。这里的"龙"是比喻君子有为，全书不乏此例。朱熹曾说《易》比其他书要难读一些，原因之一就在于："《易》说一个物，非真是一个物，如说'龙'非真龙。"（《朱子语类》）

事物的发展超过一定的限度就会走向自身的反面，这是客观规律，人们要正确认识并顺应这个规律，在实践中掌握好"度"。另一方面，这个规律也告诉人们，不要只顾眼前而罔顾将来，要知进亦知退，理解现存之物可能会走向消亡，知道获得的重要但亦要知道有得必失。在开辟和拓展事业的时候，要有积极进取的精神，但是不可过度。《乾》卦的《彖》《象》《文言》三传，阐发了很多的居安思危的哲学道理，体现了周人在政治经验中所积累的"忧患意识"。

既济〔1〕。亨，小利贞〔2〕。初吉终乱。

——《周易·既济》

注释

〔1〕既济：卦名。郑玄："既，已也，尽也；济，度也。"孔颖达："济者，济渡之名；既者，皆尽之称。万事皆济，故以'既济'为名。"朱熹："既济，事之既成也。"陈鼓应："'既'，兼尽、已二义；'济'，成、定。一切已成，一切已定。"

〔2〕亨，小利贞：字面意思是小事亨通且正也。学术史上，此句或断为"亨小，利贞"，朱熹《周易本义》认为"亨小"当为"小亨"。毛奇龄《仲氏易》断为"既济亨，小利贞"。俞樾又认为"小"为衍文。之所以说法不一，是对此卦所蕴涵的辩证思维未能领悟。《易》的作者认为，如果一个人只知道眼前一切都完成了，"知存而不知亡"，不思进取，则将会出现大事故。故其卦辞给出了"初吉终乱"的断辞。

译文

筮得《既济》卦。亨通，占问小事有利。起初是吉利的，最后将危乱。

解析

《既济》卦的卦象☲☵非常特殊，从其卦爻结构来看，阳爻居阳位，阴爻居阴位，即六爻各安其位。这就是《乾》卦《象传》说的"各正性命"，《既济》卦《象传》说的"刚柔正而位当"。因此，《既济》卦是最为理想、吉利之卦，如此圆满之卦在六十四卦中仅此一例。《杂卦传》："既济，定也。"所谓"定"，就是安定、稳定的意思。因此，《既济》卦表示的就是事物处在安定、有序而且和谐的状态之中。如此，万事亨通。

然而，当事情处于圆满的状态时，恰恰就蕴涵着变化的开始，到最后它一定会向它的反面转化，事物也就从稳定有序的状态向不稳定、无序的状态转变，危乱由此而生。所以，上六爻的爻辞说："濡（rú，沾湿）其首，厉。"（河水浸湿了头部，有危险）那么，为何会"终乱"呢？"终止则乱，其道穷也。"也就是说，当人们以为一事处于圆满状态、不思进取的时候，也恰恰是物极必反，事物必然向相反的方向转化的时候。因此，"初吉终乱"的断辞，是提醒人们要居安思危。孔颖达《周易正义》云："人皆不能居安思危，慎终如始，故戒以今日'既济'之初，虽皆获吉；若不进德修业，至于终极，则危乱及之。"正是此意。

《象》曰：水在火上[1]，既济。君子以思患而豫防之[2]。

—— 《周易·既济》

注释

〔1〕水在火上：《既济》卦由下离（☲）上坎（☵）组成。离为火，坎为水，故曰"水在火上"。水润下，火炎上，水火相交，可以功成。孔颖达《周易正义》："水在火上，炊爨（cuàn，烧火做饭）之象。"陈鼓应、赵建伟《周易今注今译》："以火烧水煮水之功得成。"

〔2〕豫：同"预"，预先。

译文

《象传》说：水在火上，这就是《既济》卦的意象。君子应该思虑可能出现的祸患而预先防备。

解析

水在火上，意味着水火相济，也就是阴阳交通、各得其所。在这个意义上表现出了《既济》卦至吉至利的一面。然而，从另一个角度说，水火有相克之患，这又体现出吉利的背后实际上暗藏危险，也就会有"初吉终乱"的现象。如果能明白物极必反、成极而亏、盛极而衰的道理，君子也就可以在胜利面前保持清醒的头脑，做到"思患而豫防之"。也就是说，君子在事成之后一定要考虑如何采取措施守成、避免危乱。王弼《周易注》说："存不忘亡，既济不忘未济也。"

《既济》卦一方面说明了事物向相反的方向转化是天道，具有客观必然性，但是这并不意味着人对此无能为力，只能接受由吉转乱、由盛而衰、由安转危。它还强调了人事上的积极有为是有可能长久维持这种好的局面的。王申子《大易缉说》："既济虽非有患之时，患每生于既济之后。君子思此而豫防之，则可以保其'初吉'，而无'终乱'之忧矣。"而程颐《周易程氏传》云："时极道穷，理当必变也……唯圣人为能通其变于未穷，不使至于极也，尧、舜是也，故有终而无乱。"程子此言至明，君子不仅要"思患豫防"，更要善于变通，所谓"穷则变，变则通，通则久"（《系辞下》）。不断进行革新，为事物的发展注入新的活力，就可以延续事物积极的一面。

子曰：危者，安其位者也；亡者，保其存者也；乱者，有其治者也。是故君子安而不忘危，存而不忘亡，治而不忘乱，是以身安而国可保也。《易》曰：其亡其亡，系于苞桑〔1〕。

——《周易·系辞下》

注释

〔1〕其亡其亡，系于苞桑：引自《周易·否》。《否》卦九五爻辞："休否，大人吉。其亡其亡，系于苞桑。"亡，失去。苞，茂盛、茂密，草木丛生的意思。

译文

孔子说：时常考虑危险、提高警惕，就能使地位安定；时常考虑灭亡的可能，就能维持长久的生存；时常考虑可能的灾乱，就能够有政治上的大治局面。所以，君子在安稳的时候不忘记危险，在生存的时候不忘记败亡的可能，在太平的时候不忘记可能的祸乱，只有这样才能够安定自身和保全国家。《易》说："要小心转否为泰机会的丧失，如果能够将好东西系在茂盛的桑树上，不就稳固了！"

解析

孔子对爻辞的释义，充分地表达了"居安思危"的危机意识。孔子指出，安危、存亡、治乱之间具有相互依存、相互转化的辩证关系。为了实现长治久安，就要做到安不忘危、存不忘亡、治不忘乱。这种危机意识、忧患意识，是古代大政治家、哲人给我们留下的宝贵的政治智慧。传统社会的历代王朝，在建国之后或长或短都走向了灭亡，一个重要的原因在于统治者丧失了危机意识、忧患意识，忘记了治乱存亡可以相互转化的道理，当然最主要的还是他们漠视人民大众的疾苦，丧失了政治统治的正当性。如果一个王朝能够将自己的政治安危牢牢地系在民心这棵永远茂盛的大桑树上，则其政治根基就永远是安固如山。老子讲"圣人无常心，以百姓心为心"（《老子·第四十九章》）。百姓心，即人民的需求与安危冷暖，才是一切政治安稳的长青苞桑。

《易》之兴也，其于中古乎〔1〕？作《易》者，其有忧患乎〔2〕？

——《周易·系辞下》

注释

〔1〕兴：兴起、开始，这里是创作的意思。朱熹解"兴"为"复兴"："夏商之末，《易》道中微。文王拘于羑里而系彖辞，《易》道复兴。"（《周易本义》）其：表推测，大概、也许。中古：说法不一。一说认为，"中古"和"衰世""殷之末世，周之盛德"是同一时期，均指殷末。这里的《易》当指《周易》。一说认为，《易》或指"三易"，即夏《连山》、殷《归藏》和周之《易》，它们分别对应衰世之夏、中古之殷和盛德之周（参见陈鼓应：《周易今注今译》）。一说认为，"庖牺为中古，则庖牺以前为上古"（《周易集解》引虞翻）。学界多数认同第一种观点。

〔2〕忧患：战国以前，"忧""患"不连用，有学者根据张岱年《系辞传》成于"战国中期"说，认为"忧患"一词当出于战国中期。

译文

《易》的创作大概是在殷末的中古时代吧？创作《易》的人，大概是心怀忧患意识吧？

解析

此为《系辞下》的作者揣测《易》之成书时间和《易》为忧患之作。后文三次陈述了《易》中九个重要的卦及其与道德的联系，这就是所谓的"三陈九德"或"三陈九卦"。《系辞传》的作者认为，《易》

的作者不仅具有忧患意识，而且十分重视个人的内在德性涵养。此德性并非今日一般意义上的道德，而是执政敬天爱民的政治德性。

《诗经·商颂》云："天命玄鸟，降而生商。"商人相信，商朝的建立源于天命，而且"天命不易"。然而，周灭商的事实打破了旧有的天命观。周人为了确立新政权得以成立的合法性，提出了"天命靡常""以德配天"的新天命观。"天命靡常"实际上表达的是深刻的忧患意识，它表明天命不是恒常不变的，上天不会无条件地保佑一个王朝；"以德配天"则不仅解释了天命转移的原因，而且为政权的维系提供了基本的主体原则，进而在此基础上形成了执政者要"敬天""明德""保民"等一系列的具体主张。应当说，这九卦与政治德性主体的觉醒、政治统治正当性持存的忧患意识，均具有深刻的内在联系。

《易》之兴也，其当殷之末世，周之盛德邪？当文王与纣之事邪？是故其辞危〔1〕。危者使平，易者使倾〔2〕。其道甚大，百物不废，惧以终始，其要无咎，此之谓《易》之道也〔3〕。

——《周易·系辞下》

注释

〔1〕辞：指卦辞与爻辞。危：危惧警戒。

〔2〕易：慢易，平易。

〔3〕废：衰败。

译文

《周易》的创作，大概是在殷朝末期、周代德业隆盛的时候吧？大概说的是周文王和殷纣王的事情吧？因此它的卦爻辞多含有危惧警惕的意思。危惧的言辞可以使人保持警惕得以平安，慢易的言辞就会让人放松警惕最终倾覆。这个道理很广大、普遍，事物都赖此长久兴盛而不衰废，自始至终都保持戒惧，它的要旨在于"没有过失"，这就是《周易》的道理啊。

解析

本章首先推测《周易》作于殷末周初之时，并阐明了"危者使平，易者使倾"的道理。对于《周易》的创作时代及其忧患思想，在《系辞下》的其他章节也有所表述，如："《易》之兴也，其于中古乎？作《易》者，其有忧患乎？"（第七章）"明于忧患与故"（第八章）。殷周鼎革之际，社会动荡，基于这样的时局，《易》的作者怀有强烈的忧患意识。徐复观在《周初宗教中人文精神的跃动》一文中曾指出，"忧患意识的诱发因素"来自于"周文王与殷纣间的微妙而困难的处境"。这就是说，忧患意识的产生与殷周的政权交替及其辩护有着密切的关联。殷周之际，"以德配天"的新天命观的确立实际上是对商灭夏、周灭商历史教训的总结和升华。它告诫统治者，政治权力拥有的正当性并非完全依赖于上天的力量，更关键的在于执政者德性与德行要和与天命相匹配。因此，《易》的作者通过"危辞"来规劝执政者要时刻警惕，牢记前朝灭亡的教训，不要重蹈覆辙。

在指出"危者使平，易者使倾"这一辩证思想具有普遍的解释力后，本章以"惧以终始，其要无咎"作结尾，说明心存危惧不是一时一刻的，而是要贯彻始终。唯有明白了这个道理，才能避免或正确处理政治生活中的危机，转危为安。

迨天之未阴雨，彻彼桑土，绸缪牖户〔1〕。今女下民，或敢侮予〔2〕。

——《诗经·豳风·鸱鸮》

注释

〔1〕迨：趁着。彻：剥取。桑土：朱熹《诗集传》："桑土，桑根皮也。"土，"杜"的假借字。绸缪：紧密缠绕，引申为"修补"的意思。牖（yǒu）：窗。

〔2〕女：通"汝"。下民：下面的人。或：不定代词，谁。

译文

趁着天还没有阴雨，剥取桑树皮紧紧缠绕窗户和门户。现在你们这些下面的人，谁敢来欺侮我！

解析

鸱鸮（chīxiāo），猫头鹰一类的鸟，在古代为猛禽。大约战国中期受庄子等人的影响，逐渐变成一种负面的形象。这是一首寓言诗，以鸟语言人事，寄托心志，在《诗》三百中颇具风格。相传此诗为周公所作，《毛诗序》云："《鸱鸮》，周公救乱也。成王未知周公之志，公乃为诗以遗王，名之曰《鸱鸮》焉。"此诗究竟是否如《序》所说，尚无定论。

"未雨绸缪"出于此诗，比喻在事情发生之前做好准备。其中蕴含了救乱于未然的政治理念，孔子曾赞赏说："这首诗的作者真是懂得道啊！能够治理好他的国家，谁还敢欺侮他呢？"朱熹认为，

作者以鸟言比喻自己深深爱着自己的王室，提醒君主对患难要有所
预防。事实上，这首诗的旨意较为显豁，但是具体作者与具体所指
并不清楚。经过经学的不断解释和广泛运用，为人熟知，成为一种
居安思危、早作准备的政治智慧和人生智慧。

不敢暴虎，不敢冯河〔1〕。人知其一，莫知其他〔2〕。战战兢兢，如临深渊，如履薄冰〔3〕。

——《诗经·小雅·小旻》

注释

〔1〕暴：徒手搏斗。冯（píng）河：徒步过河。冯，通"凭"。

〔2〕其一：指前文"暴虎""冯河"。

〔3〕战战：恐惧的样子。兢兢：小心谨慎的样子。临：靠近。

译文

不敢徒手与老虎搏斗，不敢徒步过河。人们知道这些明摆着的危险，却不知道其他看不见的危险。（对于日积月累的政治生活危险）要小心谨慎，就像靠近深渊一样，就像在薄冰上行走一样。

解析

《小旻》是一首政治讽刺诗，对幽王时的种种不良政治现象进行了批判，同时表达了作者对国家政治现状深深的忧虑之情。这段典文为《小旻》最后一章，以比喻的修辞手法生动形象地展现了作者的忧虑，点明主旨。其中，"战战兢兢""如临深渊，如履薄冰"已是为人熟知的成语，以此表示对待重大或重要事情极其谨慎和小心的精神状态。最后两句是比喻"暴虎""冯河"这类的危险显而易见，从基本的日常生活经验就可以知道，不需要过多的思考，所以人们对此都有所了解。接着，作者话锋一转，说出颇具有警醒意味的"莫知其他"。这里的"其他"实际上就是指家国之患，这类忧患有着深刻而复杂的因素，一般人不会长远考虑，对此就缺乏足够的认识。所以朱熹说："众人之虑，不能及远。暴虎冯河之患，近而易见，则知避之；丧国亡家之祸，隐于无形，则不知以为忧也。"（《诗集传》）君王身为一国之主，必须对这种忧患时刻保持警惕。结合全章来看，实际上是警告周王：基于忧患意识，周王应认识到国家的祸患不在于没有谋划，而在于有好的谋划却不采用。奸佞之臣也喜欢出谋划策，不但没有正当的用处，而且还总会误事，因此君王要善于采纳好的谋划与意见。

天下皆知美之为美，斯恶已；皆知善之为善，斯不善已。故有无相生〔1〕，难易相成，长短相形，高下相盈〔2〕，音声相和〔3〕，前后相随。

——《老子·第二章》

注释

〔1〕有无："有"与"无"的用法和涵义并非单一。这里主要指事物的显隐。

〔2〕盈：诸本作"倾"，避汉惠帝刘盈讳。帛书本作"盈"。

〔3〕音声：所谓"声成文谓之音"（《乐记》），陈鼓应认为"成文指形成的节奏"。

译文

天下人都知道美成为美的原因，丑的观念因此就产生了；天下人都知道善成为善的原因，恶的观念因此就产生了。有与无相互生成，难和易相互促就，长和短相互显示，高和下相互呈现，音和声相互调和，前和后相互伴随。

解析

后人对此章的解释存在分歧，主要有以下两种观点。一种认为，这一章紧承上一章"道可道，非常道；名可名，非常名"的观点，倾向将"天下皆知美之为美，斯恶已；皆知善之为善，斯不善已"一句理解为，天下人都知道的美、善只是囿于世俗眼光的美、善，而非真正的、恒常的美与善。人们沉迷于追求前者意义上的美和善，就会走向它的反面，通向丑和恶。另一种看法如译文所言，认为它主要说明了善、恶和美、丑皆因其对待之关系而成立。简单来说，我们知道什么是美，不仅仅是因为我们定义了某种事物或其状态为美，还因为同时定义了什么是丑。如果没有丑的存在，我们就不知道什么是美；反之亦然。有无、难易、长短、高下、音声、前后，也是如此。没有其中的一方，另一方自身也无法成立，即因其相反故能相成。我们的认知也正是建立在相反相成、相互依赖、对立又统一的关系上。所以，当我们认识到一方存在的时候，就要意识到另一方也必然存在，而且由于事物的相对性和发展变动，双方可能会相互转化。事物之间相对待的关系及其转化是"治之于未乱"、居安思危的思想前提。意识到这一点，人就可以发挥主观能动性，将腐朽化为神奇，同时也要防止神奇化为腐朽。(《庄子·知北游》："是其所美者为神奇，所恶者为腐朽。臭腐复化为神奇，神奇复化为臭腐。")换句话说，一方面要明白人可以转危为安、救亡图存，另一方面避免因不尽人事使得局面由盛转衰、由治而乱。

持而盈之，不如其已〔1〕。揣而锐之，不可常保〔2〕。金玉满堂，莫之能守；富贵而骄，自遗其咎〔3〕。功遂身退，天之道也。

——《老子·第九章》

注释

〔1〕持而盈之：持有而且盈满，引申为自满。已：停止。

〔2〕揣：锤击。

〔3〕金玉：黄金和玉石。莫之能守：宾语前置，即"莫能守之"。遗：招致，留下。

译文

持有而且达至盈满，不如适可而止。锤击它使刀刃尖锐，必不能长久保持锋利。金玉满堂之家，往往不能守藏；因富贵而骄逸，将自招灾祸。功业达成，收敛锋芒，这是天道的要求。

解析

此章论凡事有度，不盈、知退是长保之道。俗语说"月满则亏，水满则溢"，《荀子·宥坐》云"满则覆"。一味持盈不知适可而止，就会有倾覆之患；拥有了财富和权势，就骄横自负、妄自尊大，难免祸及己身。对于任何一个人来说，在取得成就的时候能够不得意忘形，保持谦虚的态度，是极为难能可贵的。有的人不明白这样的道理，有的人则是知晓道理却做不到。无论是哪一种，都容易沉溺在声名、权力和财富之中不能自拔，被各种欲望反噬，得不到好下场。只有那些头脑清醒、懂得节制的人，才能够正确对待自己获得的名誉和权位，长久地保持自己的功业。

"功遂身退，天之道也。""天道"即"自然之道"。一种观点认为，"身退"就是功成名就之后就退位甚至隐居起来。这固然不错，范蠡兴越灭吴之后就是如此。但这种理解还是过于简单化了。唐代政治家王真认为："身退者，非谓必使其避位而去也，但欲其功成而不有之耳。"这是符合老子本意的，如《老子·第二章》说："生而不有，为而不恃，功成而弗居。夫唯弗居，是以不去。"成就功业后并不是一定要避位隐居才可以保全，收敛锋芒、戒骄戒躁、谦虚谨慎，不恃功自傲，也是保全之法。"功遂身退"实际上就是"持而不盈"的另一种表述。历史上很多人成就大业之后，只看到身上的光环，而不知戒骄戒躁的"天道"，最后功亏一篑。故人与国家，在事业达到一个鼎盛的状态之际，一定要居安思危，见成功而戒骄。

反者道之动〔1〕；弱者道之用〔2〕。

——《老子·第四十章》

▋注释▋

〔1〕反：通"返"，郭店本作"返"："返也者，道僮（动）也。"
〔2〕弱：柔弱，不强制的意思。

▋译文▋

道的运动是往复循环的；道的作用是柔弱的。

▋解析▋

"反者道之动"是老子哲学中的重要命题。由于"反"字之本义为"相反"，又与"返"相通，有"返回"的意思。所以历来注家对此的解释不一。元吴澄第三十五章注："道之静则无，动则必与有相反，反者无而不有也。"（《道德真经吴澄注》）此即以"反"为"相反"，意在说明任何事物均有其对立面，其自身也包含了否定自身的因素，会向相反的方向发展，故"反"是事物运动的总原理。王弼、林希逸等都训"反"为"返"，即道之往复循环、更新式地往前发展。依郭店简本，此章之义当以后者为是。但是，站在老子哲学整体思想的角度上，两者都符合老子之本意。冯友兰先生在《中国哲学简史》（涂又光译）一书中着重从"相反"的角度阐释，认为"反者道之动"是儒道两家所共同支持的理论，而且对于"中华民族在其悠久历史中胜利地克服所遭遇的许多困难，贡献很大"。进而他又说："由于相信这个理论，他们即使在繁荣昌盛时也保持谨慎，即使在极其危险时也满怀希望。"在冯先生看来，这一思想为处在抗日战争中的"中华民族提供了一种心理武器，所以哪怕是最黑暗的日子，绝大多数人还是怀着希望度过来了"。可以说，"反者道之动"的思想已经积淀为中华儿女的一种文化心理，因此既可以做到居安思危，又不放弃在绝望中寻找希望的信念。

祸兮，福之所倚；福兮，祸之所伏。孰知其极〔1〕？其无正〔2〕。正复为奇，善复为妖〔3〕。人之迷，其日固久。是以圣人方而不割，廉而不刿，直而不肆，光而不耀〔4〕。

——《老子·第五十八章》

注释

〔1〕极：终、尽，表示结果、究竟。

〔2〕无正：没有定准。正，定。

〔3〕正复为奇，善复为妖："奇"指邪，与"正"相对；"妖"指恶，与"善"相对。

〔4〕是以：因此。廉：棱角，引申为锐利的意思。刿（guì）：划伤，刺伤。耀：显耀。

译文

灾祸啊，是福祥的依托；福祥啊，灾祸潜藏在里面。谁能知道其中的究竟呢？它没有一个定准。正的也会转变成邪的，善的也会转变成恶的。人们对此产生的疑惑，已经有很长的时间了。因此，圣人方正却不伤害人，有棱角却不刺伤人，直率却不放肆，有光辉却不显耀。

解析

老子认识到，事物是对立统一的，相反的事物在一定的条件下可以相互转化，这是因为任何事物中都蕴含了其自身的否定性因素。他用直白的语言阐明了祸福相因相成、变化无端的道理，从辩证法的角度将其提炼为"祸兮，福之所倚；福兮，祸之所伏"的哲学命题，充分展现了老子的哲学智慧。圣人的做法表明，如果能认识到事物之间的这种相互转化，自然就会有意识地保持一种"度"的原则，尽量避免事物从积极的一面向消极的一面转化。

"塞翁失马，焉知非福。"事物本身就具有两面性，凡事不要执着于当下，要学会从事情的反面去整体、全面地把握和认识事情，始终保持一种谨慎的态度。这样就不会因为失去一味沉浸在痛苦的情绪中不能自拔，也不会因为得到一些东西骄傲自满招来灾祸。老子的这一思想实际上揭示了一个普遍的道理，但是在实际生活中，人们往往因为过分看重得失而执着于眼前，难以避免祸患。

其安易持，其未兆易谋〔1〕。其脆易泮，其微易散〔2〕。为之于未有，治之于未乱。合抱之木，生于毫末；九层之台，起于累土〔3〕；千里之行，始于足下。

——《老子·第六十四章》

注释

〔1〕其安易持，其未兆易谋：王弼注："以其安不忘危，持之不忘亡，谋之无功之势，故曰'易'也。"（《老子注》）持，维持、保持。兆，征兆。

〔2〕脆：脆弱。泮（pàn）：分解、分开。有的版本作"判"，二字在古文中互通；有的版本也作"破"。

〔3〕累：堆积。

译文

形势安稳的时候容易维持秩序，事情没有发生征兆的时候容易谋划。事物处在脆弱的状态就容易让其分开，事物处在微小的状态就容易让其消散。要在事情还没有出现的时候有所准备，在社会还没有发生动乱的时候要加以治理。两臂张开合起来才能环绕的大树，是从极其幼小的树苗生长成的；九层高的建筑物是用土一点一点堆积建成的；千里远的路程，是从脚下一步步走出来的。

解析

一方面，《老子》强调要为之未有，理由在于"其安易持，其未兆易谋"。在局势稳定、祸乱还没有发生的时候，头脑比较清醒，可以对事情的状态、走向进行理性地分析，因此要在这时有所准备和预防，将一切问题扼杀在摇篮中，其中蕴含了先发制人的政治智慧。另一方面，要为之于微，指出事物的变化有一个量变的过程，注重积累。从反面的意义上讲，大乱也是从小乱积累、扩大而来的。这就告诫人们要警惕小的动乱，及早遏制，不要让它发展到危及自身存在的严重地步。

这一章的思想与"图难于其易，为大于其细。天下难事，必作于易；天下大事，必作于细"（《老子·第六十三章》）有共通之处，后者主张处理困难从简单处入手，步步化解；要想成就大事，必须从小事做起。即便是处理易事、小事，要审慎对待，不可掉以轻心。中医讲求"治未病"的原则，这跟"为之于未有，治之于未乱"的主旨是同一的。根据中医理论，广泛意义上的"未病"既包括了尚未生病的状态，也包括了疾病隐而未发、发而未至不可逆的两种状态。为此，就应当做到未雨绸缪、见微知著、料在机先等。可以说，"治未病"和"为之于未有，治之于未乱"的理念，在今天的社会政治生活和个人身体健康等方面，均具有积极的指导意义。

备豫不虞〔1〕，古之善教也。求而无之，实难。过求，何害？

——《春秋左传·文公六年》

注释

〔1〕备豫不虞：防备意外。又见于《春秋左传·成公九年》。豫，同"预"。

译文

做好应对意外情况的准备，这是古人留下来的好的教导。需要的时候却没有，这才是真正的困难。提前做好预备，有什么害处呢？

解析

此论"备豫不虞""过求无害"。据《春秋左传》记载，文公六年的秋天，季文子将要去晋国聘问，派人去问如果在晋国遇到丧事应该准备什么东西或者注意什么礼节。这人就感到很纳闷，认为这哪里会用得着呢？于是，季文子就说了上面这段经典的话。结果，到了八月，晋襄公真的因病去世了。这并非说季文子料事如神，而是可能季文子已经事先听说了晋襄公生病，但不知病情发展到哪一步了。这其实是跟季文子本人的性格和做事风格有紧密的关系。季文子为人正直、廉洁忠诚、生活节俭，做事也很小心谨慎。

季文子说的这个道理浅显易懂：如果不能做到"备豫不虞"，事情没发生还好，一旦发生了自己就往往面临尴尬的局面。所以，

47

凡事要往前多想一下，有所准备即便是没用上，也往往不会有什么害处。其实，这就跟下棋一样，走一步棋要事先想好后面的三步甚至是十步棋，这不仅是要给自己后面的棋铺路，还要思考对手可能采取的战术，将会怎么走棋。只有为自己做好打算，而且能够预测对手的意图，才有可能占得先机、让自己处于主动的地位，而不是仅仅被动地应付对方。这样一种"备豫不虞"的前瞻意识和"居安思危"的忧患意识是紧密相连、相辅相成的。"备预不虞"是中国古老的政治智慧，如《晋书·卷五十二》也说："备预不虞，古之善教；安不忘危，圣人常诫。"

恃陋而不备〔1〕，罪之大者也；备豫不虞，善之大者也。

——《春秋左传·成公九年》

注释

〔1〕恃陋：凭借地处偏僻。《成公八年》："莒（jǔ）子曰：'辟陋在夷，其孰以我为虞？'"

译文

依借地处偏僻就不加防备，这是罪中的大罪；能够对意外有所防备，这是善中的大善。

解析

这段典文强调不可心存侥幸，必须备豫不虞。据《春秋左传·成公八年》载，晋景公派遣申公巫臣去吴国，借道于莒国。巫臣和渠丘公站在护城河边上，巫臣说道："这城墙已经坏得很厉害了！"渠丘公则回答："我们地处偏僻，谁会打我们的主意呢？"巫臣认为，费尽心思地开疆拓土以利于自己国家的人，哪个国家没有？正是因为如此，才会有这么多大国。也是因为这样的缘故，那些小国有的有所警惕和防备，所以得以存活，有的因为放纵而灭亡。果然，成公九年十一月，楚子重由陈国出发攻打莒国，莒国城墙破败、节节败退，楚军在十二天之间就攻下了三座城池。

由这则史实可以看出，莒国溃败如此之快的主要原因不是楚军的力量过于强大，而是认为自己的地理位置不好，不值得他国攻伐，因此即便知道本国的城防很坏也不去修葺、完善，竟然在诸侯混战的年代还心存侥幸！这才让作者发出了"备不可以已"的感叹。后世魏徵说："备豫不虞，为国常道。"无论是在战争年代还是和平年代，保持警戒防备意外，是治理国家不可更易的基本原则。

《书》曰："居安思危。"〔1〕思则有备，有备无患。敢以此规〔2〕。

——《春秋左传·襄公十一年》

注释

〔1〕居安思危：《尚书·周书·周官》有"居宠思危"的说法，意思相近。

〔2〕敢：臣下对君上的谦词，冒昧。规：规劝，贵谏。

译文

《尚书》说："在安定的情况下也要思虑危险。"思虑就会有所防备，有了防备就不会发生祸患。冒昧以此规劝君王。

解析

"居安思危"的出处。齐桓公在管仲的辅佐下"九合诸侯，一匡天下"（《韩非子·十过》），进而成就霸业的故事，为人们所津津乐道。除了齐桓公，历史上还有一人也曾"九合诸侯"，他就是晋悼公。襄公十一年，郑国献给晋悼公厚礼，晋悼公认为自己能够在八年中九次会合诸侯，魏绛功不可没，想要把礼物的一半送给他。魏绛说："抑臣愿君安其乐而思其终也！"魏绛希望君主能够安享此时的快乐，但也不要忘记思虑它的终结。于是，魏绛就引用了《尚书》的古语进一步表达自己的意思。可见，魏绛是规谏晋悼公不要沉迷于一时的胜利和安乐，要明白如果不能"思其终"，这些成果很可能无法保住。

安不忘危　居安思危

　　"居安思危"是忧患意识的集中表达，其中所凝结的辩证思维和生存智慧，深刻地烙印在中华儿女意识的深处，其思想光芒历尽千年仍然熠熠生辉。时至今日，面对国内国际复杂的形势，更要常讲常提"居安思危"，以期解决当下的困难和问题，应对潜在的风险和挑战。

社稷无常奉，君臣无常位，自古以然。故《诗》曰："高岸为谷，深谷为陵。"〔1〕三后之姓于今为庶〔2〕，主所知也。

——《春秋左传·昭公三十二年》

注释

〔1〕高岸为谷，深谷为陵：语出《诗经·小雅·十月之交》。意谓高岸经过地质变化而成为深谷，深谷经过地质变化而变成丘陵。

〔2〕三后：虞、夏、商。姓：子孙。庶：平民。

译文

国家没有固定不变的祭祀人，君臣没有固定不变的位置，自古以来都是如此。所以《诗》说："高岸变成河谷，河谷变成丘陵。"虞、夏、商的子孙现在都成了平民，这是您所知道的。

解析

赵简子问史墨："季氏赶走了他的国君，人民却顺服他，诸侯也赞成，鲁君死在外面，也没有人讨伐季氏的犯上之罪，这是为什么呢？"史墨从"物生有两"的认识出发，看到了事物发展变化的规律。在他看来，季氏是鲁国的贵族，世代辅佐鲁君，勤劳治民，而鲁君世代骄奢放纵，季氏赶走鲁君是必然的，也是合理的。所以鲁国人和诸侯都不反对，鲁君死在外面，也没有人怜悯他。虽然史墨是用季氏和鲁君的事例来说明"社稷无常奉，君臣无常位"的道理，但是"自古以然"这句话表明事情历来如此，这个个案现象蕴涵着某种普遍的真理。史墨以"高岸为谷，深谷为陵"的自然现象来说明人类政治生活中的上下易位、贵贱无常的道理，意在警醒在位者要居安思危，关心下层人民的生活，否则就会遭到人民的抛弃。

故知者之举事也〔1〕，满则虑嗛〔2〕，平则虑险，安则虑危，曲重其豫〔3〕，犹恐及其祸，是以百举而不陷也。

——《荀子·仲尼》

注释

〔1〕举事：行事。举，行也。

〔2〕嗛（xián）：不足。

〔3〕曲重其豫：周全谨慎地预防。曲，周遍。重，慎重。豫，通"预"。

译文

所以聪明的人做事，在圆满的时候考虑不足，在顺利的时候考虑艰险，在安定的时候考虑危险，周全谨慎地有所预防，仍然害怕自己遭到祸害。因此，做了很多事情也不会有失误。

解析

这段典文是由荀子讲如何侍奉君主以及免除后患的方法之后引出的一段结论，具有一种普遍性。荀子的本意是告诉侍奉国君的大臣们，要想使自己受到尊宠、保住官位而不被厌弃，就要明白：即便是得到了君主的重视、亲近和宠信，也要保持恭敬、谦虚和专心。身处高位和顺境，也要对危机有所警惕。那些愚笨的人一旦身居要职掌握大权，就独断专行、嫉贤妒能、排挤他人，这样做终究不会得到他人的支持而自取灭亡。

《尚书·虞夏书·大禹谟》说："满招损，谦受益。"在任何事情面前，都要保持谦虚谨慎的姿态。谦虚不是妄自菲薄，而是避免妄自尊大。和平安定的环境容易使人产生懈怠，放松警惕，则灾难就容易从人的疏忽中发生，故要时刻保持一种忧患意识，对自己的工作做各种回顾与反省，这样就可避免一些不必要的损失。

天行有常〔1〕，不为尧存，不为桀亡。应之以治则吉〔2〕，应之以乱则凶。

——《荀子·天论》

注释

〔1〕天：指自然。行：道。常：恒常不变的规律。

〔2〕之：代指"天行"、天道。

译文

自然的运行有它恒常不变的规律，不因为尧而存在，也不因为桀而消失。采取大治的政治措施去应对它就会取得好的结局，采取致乱的政治措施去应对它就会出现凶险的结局。

解析

《天论》一文不仅在《荀子》一书中占据重要的地位，在整个中国思想史上都有极其重要的价值和意义。在这篇文章中，荀子集中表达了自己的自然观，以及人如何以正确的方法利用自然规律为自己服务，将礼治与把握、遵循自然规律结合起来，体现了中国传统政治哲学既重视真理，又重视人文价值，并且力图使二者恰当地结合起来的光辉思想。

在中国思想史中，"天"是一个内涵丰富而且具有歧义性的概念。把"天"看作是有意志的存在者或者人格神的观念在荀子以前流行已久，荀子在这里把"天"理解为"自然之天"："天"就是客观存在的自然界，有自己运行的规律，而且这个规律是永恒的、必然的。"不为尧存，不为桀亡"就是说自然界的规律不因为君主是否圣明而存在或消亡，即不以人的意志为转移。禹的时候天下安定，桀的时候天下混乱，但是自然界的事物在这两个时期没有什么不同。由此，荀子认为治乱吉凶在于人而不在于天。他从"自然之天"的角度严厉地批评了上天可以主宰人间治乱的旧"天命"观。

荀子还明确提出了"明于天人之分"的思想。分，就是职分，意在说明天和人各有其责、各行其是。人不能够强加干预天道，但这并不是说人在自然面前是无能为力的。如果能做到"知天"，充分发挥主观能动性就可以"制天命而用之"，顺应天道为自己谋福。按照荀子的理解，以治道应对天道则吉，以乱道应对天道则凶。这里的"治道"在荀子看来就是礼义。所以说，荀子在论述天道的时候离不开人道，最终也要强调人道在国家治理中的意义。荀子的自然观为其政治思想的建构奠定了重要的观念基础，这种自然观在当时极具冲击力，即便在今天看来也仍然是正确可信的。荀子对于天道和人道辩证关系的阐发对于今天的政治、经济和生态建设都有深刻的教益。

配天而有下土者，先事虑事，先患虑患。先事虑事谓之接〔1〕，接则事优成〔2〕；先患虑患谓之豫〔3〕，豫则祸不生。事至而后虑者谓之后，后则事不举；患至而后虑者谓之困，困则祸不可御。

——《荀子·大略》

注释

〔1〕接：通"捷"，一种解释为"迅速"，一种解释为"胜"。

〔2〕优：多。

〔3〕豫：通"预"，预先、事先。

译文

与上天崇高地位相匹配而拥有天下的那个人，在事情发生之前就要考虑可能发生的事情，在祸患发生之前就要考虑到可能的祸患。在事情发生之前就对事情有所考虑叫做敏捷，敏捷就会让事情完成得很好；在祸患发生之前就对祸患有所考虑叫做事先有准备，事先有准备了祸患就不会发生。事情发生了才考虑叫做迟缓，迟缓则事情就不能完成；祸患发生了才考虑如何处理叫做困窘，困窘就不能防御祸患于未然。

解析

荀子非常重视"礼"在人民教化和国家治理中的作用和地位，《大略》主要是荀子门人对荀子言论的记录和整理，体现了荀子"隆礼"的思想。这篇文字说道，天子刚登上帝位的时候，上卿、中卿、下卿都会向天子进言，说明应当对天下的忧患有所认识和预防。这些忧患、祸乱有一个标志，这个标志是什么呢？其实就是"礼"，"礼者，其表也"。治理民众的人要通过表明什么是祸乱让人们不要犯乱，人民陷入祸乱就是因为废弃了"礼"。"先事虑事，先患虑患"从根本上是告诉天子要用"礼"来预防祸患、治理天下。

"礼"不仅是处理人际关系的标准，也是治理国家的准则。一旦不遵循"礼"的规范或者稍微失去一点"礼"，就会酿成大乱。所以《大略》说"所失微而其为乱大者，礼也"，"人无礼不生，事无礼不成，国家无礼不宁"。由此可见，"礼"对于个人和国家的极端重要性。在荀子的思想体系中，"礼"实际上是国家制度的总称，既有大纲大法的宪法意味，也规范着民众的日常生活行为。以制度治国，君王本身也遵循制度，这是荀子政治思想的核心内容。

慎易以避难，敬细以远大〔1〕。

——《韩非子·喻老》

|注释|

〔1〕敬：谨慎，不怠慢。远：动词，远离，意思与"避"相同。大：大的事情或问题。

|译文|

谨慎地对待容易解决的事情以避免其发展成难以解决的事情；谨慎地对待细小的问题来避免其发展成为大的问题。

|解析|

这段典文是对《老子》第六十三章的解说。千里的长堤，会因为蝼蛄和蚂蚁打的洞穴而溃决，所以白圭（战国时期人，善筑堤）巡视堤坝的时候注意堵塞这些洞穴，由此避免了水患；百尺的房子，会因为烟囱缝隙中迸出的火星而被烧毁，所以老人就非常慎重地对待烟囱里的火星，严严实实地涂塞烟囱的缝隙，由此避免火灾。当时，扁鹊见蔡桓公，告诉他有病在表皮里，不治可能会进一步加深。蔡桓公认为自己无疾，后来扁鹊说蔡桓公的病已经到了肌肤、肠胃，蔡桓公仍然不予理睬。等到疾病深入骨髓，扁鹊认为自己已经无能为力，逃到了秦国。蔡桓公因没有早听扁鹊的建议而病死。韩非认为，良医治病从病在表皮的时候就及时医治，而事情的祸福也有"腠理之地"，要注意它们刚刚显露的苗头。所以圣人总是"蚤从事"（尽可能早地处理）。

　　细节决定成败。任何事情都是由诸多细节构成的，环环相扣，关键的细节还有可能对事情的发展起决定性作用。所以不能忽视细节，只有抓住细节，才能够顺利办成事情，取得成功。是否能够从细节中提早发现问题、直面问题、解决问题集中反映了一个干部的工作态度和工作作风。因此，对待工作要一丝不苟、严谨细致，避免由小事或小过错的积累酿成大祸。

安危在是非〔1〕，不在于强弱。存亡在虚实〔2〕，不在于众寡〔3〕。

——《韩非子·安危》

注释

〔1〕是非：这里主要指政令对错，政治是否清明。

〔2〕虚实：根据此段典文的上下文，主要是针对君权而言。

〔3〕众寡：人口多少。

译文

国家的安危取决于政治是否清明，不在于国力的强弱。国家的存亡在于君主是否握有实权，不在于人口的多少。

解析

此论安危存亡系于是非、虚实。韩非在《安危》中说："安术有七，危道有六。"安术的第一条就是"赏罚随是非"。是非是进行赏罚的第一原则，如果混淆是非、存在不公，该赏者罚、该罚者赏，必然会引起怨恨，紊乱政治秩序。同样的，君主在治理国家的时候也要明辨是非，只有如此才能营造清明的政治。要想做到明辨是非，君主就要能够听逆耳之言（"拂耳，故小逆在心而久福在国"），而且要以尧舜那样贤明的君主为榜样，严格要求自己，推行正道，这样才能保证国家长久安定。夏桀之亡就在于不分是非，滥用权力。

就虚实而言，韩非子举例说：齐国虽有万辆兵车，却名不副实，君主却没有实权，才酿成了"田陈篡齐"的悲剧。所以一个国家的真正强大，并不是名义上的人口众多、土地广大，而是需要有统一的权力行使中心。在今天看来，即是要有高效的社会动员能力和国家治理体系的现代化，而不是一般意义上的GDP。韩非子是从君主集权的角度来分析国家的强弱，但对于我们有启发意义。就现代民主政治和中国的社会主义国家性质而言，明辨是非实际上关乎全社会各方面公平正义的实现。各方面的公正及其实现依赖于现代的法治体系。在知识经济时代，一国的政治安危不仅在于政治清明，也在以科技、教育和经济均衡发展的综合国力。

贤主愈大愈惧，愈强愈恐。凡大者，小邻国也〔1〕；强者，胜其敌也。胜其敌则多怨，小邻国则多患。多患多怨，国虽强大，恶得不惧〔2〕？恶得不恐？故贤主于安思危，于达思穷，于得思丧〔3〕。

——《吕氏春秋·慎大》

注释

〔1〕小：形容词的使动用法，使……小。

〔2〕恶（wù）能：怎么能。恶，相当于"何""怎么"。

〔3〕丧：丧失、失去。

译文

对于贤明的君主来说，国土越是广大他就越惧怕，国力越是强盛他就越恐惧。但凡是国土广大的国家，都是侵削邻国的结果；国力强盛的，都是战胜敌国的结果。战胜敌国就会增加仇怨，侵削邻国就会增加祸患。祸患多了，仇怨多了，即使国家强大，怎么能不对这种情况愈加感到惧怕？怎么能不愈加感到恐惧？因此贤明的君主在平安的时候思考可能的危险，在显达的时候思考可能的困窘，在有所得的时候思考可能的丧失。

解析

春秋战国时期，各个国家之间发动的战争基本上都是兼并战争，诸侯为了争夺土地和人口，毫不顾惜平常百姓的生存，攻城略地、杀人遍野，造成了相互征伐、民不聊生的局面。一些国家的强大必定是以征服和牺牲小国的利益为前提和基础的，被攻占的国家的人民对战胜国的行为一定抱有仇恨和怨气，因此"胜其敌则多怨，小邻国则多患"。当然，这个说法并不是完全合理的。它成立的前提条件是战胜国发动的战争是不义之战。由此，战败国的人民一定有复国之心，对战胜国构成隐患。然而，如果一个国家的君主昏庸无道，不能治理国家、安定百姓，有人或国家来征讨、推翻统治，救民于水火，自然是民心所向，就不会出现多怨多患的结果。历来旧王朝的灭亡都是如此。就当时而言，作者已经看到秦国统一六国为期不远，是无可争议的定势。能在秦国一统六国前夕，就发出"于安思危，于达思穷，于得思丧"的警告，可谓是基于一种忧患意识和心理的先见之明。

夫忧所以为昌也〔1〕，而喜所以为亡也。胜非其难者也，持之其难者也〔2〕。贤主以此持胜，故其福及后世。齐荆吴越，皆尝胜矣，而卒取亡，不达乎持胜也〔3〕。唯有道之主能持胜。

——《吕氏春秋·慎大》

注释

〔1〕夫：助词，用于句首。

〔2〕持：犹收，保持。

〔3〕齐荆吴越：指齐国、楚国、吴国、越国四个国家。取：一作"败"。达：通晓。

译文

忧虑是导致昌盛的原因，而喜乐是导致灭亡的原因。获得胜利并不是困难的事情，保持胜利才是困难的事情。贤明的君主因为有所忧虑才保持住胜利，因此他的福祉就可以延续到子孙后代。齐国、楚国、吴国、越国都曾经获得过胜利，但是最终都灭亡了，这是因为他们没有理解保持胜利的道理。只有有道的君主才能够保持住胜利。

解析

这段典文阐明时时忧惧、居安思危才能够持胜的道理。作者举"赵襄子攻翟"的例子进行了说明。赵襄子派新稚穆子攻打翟国，攻下两城，赵襄子听到这个消息后不仅没有高兴反而面露愁色。他说："现在赵国的德行还没有丰厚的积聚，一下攻占两座城池，败亡的后果恐怕要降临到赵国了！"孔子听说这件事后，却说道："赵国大概要昌盛了吧！"为何赵襄子和孔子有如此截然不同的反应呢？实际上，两人的感叹所针对的对象有所不同。赵襄子之所以认为将要大祸临头，是因为他对于战争的胜利保持着清醒的头脑，认为目前赵国的德行、实力很难守护胜利的果实，故心怀忧惧。而孔子的慨叹则是看到赵襄子没有被胜利冲昏头脑，不骄傲自满，一定会有所作为让赵国强大。

要想取得更大的成绩，就必须要维持和巩固已有的成果，在此基础上更上一层楼。习近平总书记在有关脱贫攻坚工作的讲话中不止一次地引用"胜非其难也，持之者其难也"这句话。在过去很长的一段时间里，守护好已经取得的脱贫攻坚的成果是稳步推进脱贫攻坚政策的基础。现在，我们已经向全世界庄严宣告，我国的脱贫攻坚战取得了全面胜利。但是，如何"压紧压实各级党委和政府巩固脱贫攻坚成果责任，坚决守住不发生规模性返贫的底线"，持续推进乡村振兴是摆在眼前不可回避的考验。

事有可以过者，有不可以过者〔1〕。而身死国亡，则胡可以过〔2〕？此贤主之所重，惑主之所轻也。所轻，国恶得不危？身恶得不困？危困之道，身死国亡，在于不先知化也〔3〕。

——《吕氏春秋·知化》

注释

〔1〕过：过失，失误。

〔2〕胡：怎么，表诘问。

〔3〕知化：了解事物发展发生质的变化现象。化，渐变而不可逆也。

译文

有些事是可以有过失的，有些事是不可以有过失的。对于身死国亡这样的大事情，怎么能够出现过失呢？这就是贤明的君主所重视的，糊涂的君主所轻视的。轻视这一点，国家怎么能不陷入危险呢？自身怎么能不陷入困厄呢？走上了危险困厄的道路，导致身死国亡，原因在于不能预先察知事物正在发生质的变化。

解析

《知化》篇认为，"凡智之贵也，贵知化也"。知化，是《周易》"知几"的延伸性讲法，即了解事物渐变过程而可能导致质变、不可逆现象的道理，所以在一些重大事情上不能不防患于未然，避免出现例如国灭身亡这样的恶果。作者结合吴王夫差不听伍子胥的忠告而败亡的事例，对这个原理进行了具体而深入地阐发，并将此事与君主是否能够纳谏联系起来讨论。当年吴王要讨伐齐国，伍子胥劝阻吴王，认为应当伐越而不是伐齐。伍子胥的理由是：齐国与吴国在风土人情、语言习惯等方面存在着巨大的差异，即便是攻下齐国，也难以治理好当地的百姓，齐国对吴国的威胁就像"疥癣之病"，即使病情严重对身体也没有实质性的伤害。但是越国的情况则有所不同：越国与吴国相邻，语言习俗相通，攻下后容易治理；而且对吴国而言，越国是"心腹之疾"，虽然没有发作，但是对身体却是极大的隐患。吴王没有听从伍子胥的建议，在打败齐国后反而把伍子胥杀了。结果，后来越国攻打吴国，吴王悔不听伍子胥之言而自杀，吴国灭亡。伍子胥的智慧在于能够分明事情的主次、轻重、缓急，抓住主要矛盾，在关乎生死存亡的大事上有先见之明、慎之又慎。吴王不能明白这个道理，又不能纳谏，等到国破家亡时才恍然大悟，悔之晚矣。从吴王国灭身亡与不能"知化"的关系可以看出，"知化"是在政治上要深刻地理解事物变化发展的关键与枢纽，以及渐变所导致的不可逆的现象。

安危之要〔1〕，吉凶之符〔2〕，一出于身；存亡之道，成败之事，一起于善行〔3〕；尧、舜不易日月而兴，桀、纣不易星辰而亡，天道不改而人道易也。

——《新语·明诚》

注释

〔1〕要：要领，关键。

〔2〕符：征兆，有的版本作"征"字。

〔3〕一起于善行：王利器认为，此句可能应作"一起于言"（《新语校注》），言之有据，但缺乏版本的根据，今仍从原文，亦可通。

译文

安全与危险的关键，吉祥与凶险的征兆，全在于自我的修身之道；国家持存或灭亡的法则，成功或失败的事情，全在执政者的良善合道的行为；尧、舜没有改变日月而兴起，桀、纣没有改变星辰而灭亡，自然法则没有改变而人为的法则却变化了。

解析

这段典文主要有两层意思：一是强调国家的政治安危存亡与帝王的修身行为有关；二是指出国家的兴亡是最高执政者的行为造成的，并非大自然导致的。陆贾举例说，汤以方圆七十里的封地统一天下，周公位居三公之位功德堪比五帝三王，这是因为他们可以"口出善言""身行善道"。心存正道，可以感化远邦，吸引其归附；自己作恶，再亲近的人也会叛离自己。

治乱兴亡系于人非系于天的思想可以与荀子的《天论》相联系，体现了中国古代政治思想中的理性主义优良传统。在这段文献中，陆贾以尧舜、桀纣四个具有典型意义的帝王为例，说明国家政治的兴衰直接与帝王个人的行为，以及国家的系列政治活动密切相关。自然的法则在政治的兴衰成败中所起的作用很小，人的主观性努力是起决定作用的。

释道而任智者必危〔1〕，弃数而用才者必困〔2〕。有以欲多而亡者，未有以无欲而危者也；有以欲治而乱者，未有以守常而失者也。

——《淮南子·诠言训》

注释

〔1〕释：舍弃、抛弃。

〔2〕数：术数，治理国家的方法。

译文

抛弃大道而听凭智巧的人一定会有危险，舍弃正确的方法而单凭人的才能一定会遇到困境。有因为欲望多而灭亡的，没有因为无欲而陷入危险的；有因为想要治理国家反而产生动乱的，但却从来没有因为坚守恒常的大道而失去国家的。

解析

《诠言训》从整体看是接受道家"无为而治"的政治主张，故而在此段特别强调"无欲"、尊数术。无欲则安则存则治，有欲则危则失则乱。对于个人和国家来说，都是如此。治理国家必须要遵循大道，运用适当的方法，数即是方法。《诠言训》的作者认为，"胜在于数，不在于欲"，"灭欲则数胜，弃智则道立"。相对于道家创始人老子的思想而言，《淮南子》一书的政治哲学思想更接近黄老道家。一方面，该书作者肯定无欲尊道对于政治治理的积极作用；另一方面，该书作者又强调用数——方法的重要性，并不是完全地强调"无为而治"。此一段高度肯定守道守常，而不凭借执政者的个人智巧、主观能力，不是完全否定政治活动中人的能动性，而是强调政治活动具有自己的规律。相对于荀子强调礼制——制度的重要性而言，《淮南子》则更多地阐述了政治活动中的客观规律的问题。

是故知虑者，祸福之门户也〔1〕；动静者，利害之枢机也〔2〕。百事之变化，国家之治乱，待而后成。是故不溺于难者成〔3〕，是故不可不慎也。

——《淮南子·人间训》

注释

〔1〕知虑：即智虑。知，同"智"。门户：比喻事物的关键。

〔2〕动静：运动和静止，这里偏指行动。枢机：事物的关键部分。

〔3〕是故不溺于难者成：杨树达《淮南子证闻》认为此八字为衍文。依上下文之文意，可从。

译文

所以智虑思考是祸福产生的关键，行动或静止是或利或害的关键。众多事情的变化，国家的治理或混乱局面的产生，必须用正确的思想和行动应对才能成功，所以对人的思虑和行为就不能不高度谨慎。

解析

《人间训》认为世事变化无常，祸福、利害在一定条件下可以相互转化，而且把祸福产生的原因归结到人自身："祸之来也，人自生之；福之来也，人自成之。祸与福同门，利与害为邻。"所谓"千里之堤，溃于蚁穴"，不要因为是小的祸患就漫不经心，等到酿成大祸了就没有挽救的机会了。那么，如何规避祸患呢？《人间训》的作者强调，在行事之前要先用头脑思虑揣测一番，然后制定可行的计划，如此才能把事情办成。在此一段文献里，作者将人的思考看作产生祸福的关键，故思虑不可不慎。人在有些状态下或行动或静止观望，是取得成败的关键，故要守道待机而行。要而言之，政治活动中人的主观思考是否周全，人的行动或静止的抉择都直接地影响着事情的结局，故不能不慎之又慎。

人皆务于救患之备〔1〕，而莫能知使患无生。夫使患无生，易于救患，而莫能加务焉〔2〕，则未可与言术也。

——《淮南子·人间训》

注释

〔1〕务：致力，专力从事。救：止，使停止。

〔2〕加：何宁认为，"'加'字疑当为'知'，形近而误也"（《淮南子集释》）。然无版本根据，仅备一说。

译文

人们都竭力从事于如何拯救灾患发生后的物资储备，却不知道如何致力于从根本上阻止灾患的发生。若使致力于灾患的不发生，比起救助灾患更加容易，然而却没有人能在这方面倍加努力，那么也就不值得与这样的人讨论道术了。

解析

此处表达了"务于救患之备"不如"使患无生"的核心思想。这一思想实际上强调的是防患未然，比起致力于救患于以后的社会管理思想更加高明。老子强调"为之于未有"，中医强调"治未病之病"，都是强调"预防为先"。此文其实出于《文子》："人皆知救患，莫知使患无生。使患无生易，施于救患难。"《淮南子》引用了《文子》的观点，表明先秦与秦汉之际的道家治国思想，有一脉相承之处。能够常常以为总有祸患，故而强调为救祸患必须贮备相应的物资。《文子》和《淮南子》的作者认为，加强平时的管理，避免管理的疏忽与漏洞，将祸患消灭在萌芽之中，社会管理与运行的成本就要远远低于"救患"的成本。为了更加清楚地阐明这个道理，作者举例说，在鸿鹄还没有孵化出来的时候，用手指头一捏就能让消灭它，等到筋骨长全翱翔天际，即便是神射手也很难将它射下来。因此，作者认为，正确的社会管理行为，是要努力使祸患不发生，而不是要致力于如何救助祸患。

凡人有忧而不知忧者凶[1]，有忧而深忧之者吉。

——《春秋繁露·玉英》

注释

〔1〕凡：凡是。

译文

大凡人本有忧患却不知道忧惧的就会有凶险，有忧患而且深以为忧惧的就可能会吉祥。

解析

此段典文告诉人们，本有忧患的人不可不知忧患之所在，有忧而能深以为忧惧的人可能转危为安，这是董仲舒从春秋时期君主即位的诸多历史经验中总结出来的道理。董仲舒认为，《春秋》中有两种君主即位的情况是值得忧虑的，一种是本非自己之位而接受先君遗命即位的（如宋缪公），另一种是既不该自己即位而又没有先君遗命而即位的（如吴王僚）。这是不是说这样的忧患一定会带来灾难呢？在董仲舒看来，并不一定，关键在于是否能够得民心。鲁桓公和齐桓公都是篡位而自立为君，但是鲁桓公忘记了忧患结果导致在齐国被杀害，而齐桓公则避免了这种下场。虽然齐桓公篡位罪孽深重，但是即位之后深感忧虑、任贤使能、弥补罪过、赢得人心，最终建立功名、称霸诸侯。

《淮南子·泛论训》中说："周公有杀弟之累，齐桓有争国之名；然而周公以义补缺，桓公以功灭丑。而皆为贤。"按照当时权力交接的原则，齐桓公之权的取得不具备任何的合法性，但是从结果上来看，齐桓公作为一代贤主能使国家强盛，可以以功抵过。《周易》也说："复自道，何其咎?"可见，犯错并不会影响一个人不能成为贤人，所谓的贤人是小过不能掩盖其大美。有了过错，及时弥补，回归正道，也就可以免除灾祸了。这告诉我们，生而为人，孰能无过，有过乃人之常情，但是要对此深以为忧，修正自己，将功补过。如此，才不会使自己因为过错而一直受到祸患的威胁。

安不忘危，盛必虑衰〔1〕。

——《汉书·傅常郑甘陈段传》

注释

〔1〕安不忘危，盛必虑衰：见于耿育《上书言便宜因冤讼陈汤》。

译文

安定的时候不忘记可能的危险，强盛的时候要早虑可能的衰败。

解析

耿育上书汉哀帝，为陈汤鸣冤，以"安不忘危，盛必虑衰"劝诫天子要有居安思危的忧患意识，在看起来平安的时局下深思国家可能面临的危机。根据史书的记载，陈汤在个人作风上存在缺点，但是作为西汉王朝的一代名将，在征服匈奴、安定边疆上功不可没。当时，原本要对将士论功行赏，但是甘延寿、陈汤遭人排挤，只封了几百户，有功之臣和将士们对此很失望。孝成皇帝时期没有发生战争、国家安定，大臣却心怀不轨，一边奉承谄媚，一边嫉妒功臣，结果使陈汤被拘押抛弃在敦煌。耿育认为，这些大臣是根本没有认识到事情的本末，不知道防止还没有形成的祸患。因此，他劝天子要认识到现在国家虽无大的动乱，但是没有文帝时那样节俭积累的积蓄，也没有武帝时那样的武将，只有一个陈汤！像陈汤这样敢于为国牺牲的人都不能保全自己，怎么能不让人忧虑呢？这实际上是在劝告哀帝要重视利用和善待功臣，远离邪恶的奸臣，勿要听信谗言。

　　安与危、盛与衰之间可以相互转化，身处安定和盛世的时候要考虑危险和衰乱的到来，心怀惊惧和危机感。《艺文类聚》中说："君子居安思危，在盛虑衰，可无惧哉?"相对立的事物之间的转化有其一定的内在规律，如果人们能够认识并把握这种规律，就可以在尊重规律的基础上发挥人为的作用改造规律，保持长久安定、长久繁盛的局面。

夫抱火厝之积薪之下而寝其上〔1〕，火未及燃，因谓之安〔2〕，方今之势，何以异此！

——《汉书·贾谊传》

注释

〔1〕厝（cuò）：放置。贾谊《新书·数宁》作"措"。薪：柴火，柴草。

〔2〕因谓之安：《数宁》篇"因谓之安"后有"偷安者也"一句。偷安，只顾眼前的安逸。

译文

抱着火种放在堆积的柴草下面，却又睡在柴草上面，火还没来得及燃烧起来的时候，就认为这是安全的地方。如今国家的局势，跟这个有什么不一样！

解析

"厝火积薪"一语的出处，比喻有潜伏的危险。西汉初年，天下方定，有的人向汉文帝进言说"天下已安""天下已治"。贾谊身为梁怀王太傅，在梁国又有封地，但不以此为安，仍然心系国家、关心政事。他汲取历史经验、结合现实（"稽之天地，验之往古，按之当今之务"），洞察到了汉王朝可能会面临的种种危险。所以他极力痛斥"天下已安已治"之类的说法。在贾谊看来，说这些话的人要么是愚笨要么是阿谀奉承，对治乱的根本一无所知，所谓的"已安"不过是"偷安"而已。贾谊认为，身为臣子，有职责向文帝陈明汉王朝现在的真实处境，即便是冒着违背文帝意愿和死罪的危险，也要说出"天下未安""天下未治"的事实。所以他在奏疏中说道："臣窃惟事势，可为痛哭者一，可为流涕者二，可为长太息者六，若其它背理而伤道者，难遍以疏举。"贾谊所列举的这些问题涉及广泛，包括了天子与诸侯的关系、天子与匈奴的关系、社会风气、纲常伦理、等级秩序、制度建设、仁义道德等等。已经能看到的危险就有这么多，再加上不能列举和尚未发现的，汉王朝面对的危机不可谓不多，如何说国家已安已治？

　　班固把贾谊的奏疏整理录在《贾谊传》中，被后世称为《治安策》或《陈政事疏》。这一文本不仅表现出了贾谊极高的文学才华，而且体现了贾谊不随波逐流的性格、强烈的政治责任感和家国情怀。后来，汉王朝的很多国家政策无不是受到《治安策》的影响，其中蕴含的卓越的政治洞见和居安思危的忧患意识，对今天也有启发意义。这也是《治安策》之所以能成为流传后世之名篇的原因。

安者非一日而安也，危者非一日而危也，皆以积渐然〔1〕，不可不察也。人主之所积，在其取舍。

——《汉书·贾谊传》

注释

〔1〕积渐：逐渐积累而成。

译文

安定并非一天就能实现的，危险也并非一天就能形成，都是因为逐渐积累才导致这样的局面，这个道理不能不明察。国君所积累的，在于他的取舍行为。

解析

这段典文阐述事物的发展有一个量变的过程，同时应注意取舍。贾谊在《新书·审微》中说："善不可谓小而无益，不善不可谓小而无伤。"小善毕竟是善，怎么可能没有益处呢？小恶毕竟是恶，是恶就一定有坏处。所以，不要以为小的善行就不可以有利于天下，也不要以为小的恶行不足以使国家混乱，如果"轻始而傲微"一定会形成大乱。这样的道理，每一个人都应该有所了解和清楚。

为什么贾谊要强调取舍呢？这是因为安之所以为安，危之所以为危，一个重要的原因在于"积"。积累有正反两方面的意义：要成就事业、取得成功，必须要一点一点地积累成果；而自身陷入危险也是因为平时不谨慎，导致危险慢慢积累。所以，对好的事情要"取"并加以积累，对坏的事情则要及时遏止，不能积累而要"舍"。

贾谊指出，用礼义治理国家的君主积累的就是礼义，用刑罚治理国家的君主积累的就是刑罚。礼义积累多了百姓和睦、社会安定，国家长盛不衰，汤武就是这样；而刑罚积累多了就容易民怨和反抗，秦王就是这样。所以取舍要审慎。这也从侧面体现出贾谊实际上更强调礼义的优先位置，法势的使用其实是为了行礼义提供一个安稳的环境。

礼治或德治与法治是相辅相成的。出于人性的弱点，不能把社会的安定寄托在每个社会成员的自律上，法律代表了最基本的道德底线，是礼仪教化的重要保障。而人类社会要想发展进步，不能够只停滞和徘徊在底线，而要有更加高远的追求，所以追求高尚的道德是现代社会文明和进步的重要体现。

至于运徙势去，犹不觉悟者，岂非富贵生不仁，沉溺至愚疾邪〔1〕？存亡以之迭代，治乱从此周复〔2〕，天道常然之大数也〔3〕。

——《昌言·理乱》

注释

〔1〕愚疾：愚昧不明。

〔2〕周复：周而复始。

〔3〕常然：自然。大数：趋势。

译文

等到国运转移、大势已去，还不能觉悟的人，难道不是因为富贵麻木了头脑，沉迷享乐导致愚昧不明吗？国家的存亡由此更迭，治乱从此周而复始，这是天道自然的趋势。

解析

这段典文表面上将存亡、治乱的反复现象看作是"天道"使然。实际上是说执政者长期被表象的社会平安所迷惑。他们将从人民那里征收的财富当作自己应有的东西，无度的奢侈，麻木了自己的心智，结果导致政治的腐败。

仲长统对传统王朝政治兴亡规律的总结是发人深省的。在他看来，不仅新政权的建立是取决于"人事"而非"天命"，旧政权的灭亡也是如此。一代王朝丧于"后嗣之愚主"，是王朝政治覆灭的根本原因。然而愚主否意味着天生就是愚笨的呢？并不尽然。仲长统指出："岂非富贵生不仁，沉溺致愚疾邪?"这便是说，"愚主"非生来就是昏庸无道的人，乃是长期生活和沉溺在富贵安乐中造成的，即这不是"天命"所致，而是环境影响的，其实就是指以君主为表象的王朝式的国家权力得不到约束，人民的利益得不到应有的重视。一个王朝不关心人民的死活，人民也将最终抛弃这个王朝。君主专制的王朝存在是造成改朝换代、治乱反复的历史必然。仲长统虽然还没有明确地将原因归结为君主专制，但实际上已经触及到了这一点，在某种程度上戳中了王朝更迭的本质要害。

朕历观前代拨乱创业之主，生长人间，皆识达情伪，罕至于败亡〔1〕。逮乎继世守文之君，生而富贵，不知疾苦，动至夷灭〔2〕。

——《贞观政要·教戒太子诸王第十一》

注释

〔1〕情伪：真假。情，实情。败亡：或作"破亡"。

〔2〕逮：到，及。守文：或作"守成"。夷灭：消灭，灭亡。夷：消灭。

译文

我遍观前代拨乱反正、创立帝业的君主，是从民间成长起来的，都能够识别并洞达民情的真伪，所以很少有败亡的。等到继位守业的君主，生来就富贵，不知道民间疾苦，常常导致灭亡。

解析

"守文"之难不仅难在君主创立帝业之后容易沉迷声色、不思进取，也难在后世子孙养尊处优、安于享乐、不知忧惧，无法继承基业，保证江山永固。唐太宗以史为鉴，深明此理，他本人随父征战，尝尽艰难险阻，能够体察民情、关心百姓。因此他非常警惕"守文"的艰难。

基于这种忧虑，唐太宗不但严格要求自己，也劝勉、教导诸王和太子。他看到，诸王和太子生于深宫之中、长于妇人之手，从小就享受荣华富贵，容易骄逸自傲，要想避免灭亡的结局，就要尽早地对其劝导规训。对此，他采取了相应的措施。根据《贞观政要》的记载，贞观七年，太宗让魏徵收集汇总历史上帝王子弟成败的事例，整编为《自古诸侯王善恶录》，以规训诸王和太子。他还要求宰相要选择优秀正直的大臣来辅佐诸王、太子。不仅如此，太宗还言传身教，当面教导荆王、吴王、魏王等；新立太子之后，太宗从生活中的琐碎小事教诲太子，每看到一物都会讲明道理。如吃饭，使太子知稼穑之艰难，不夺农时；如骑马，使太子知要让马劳逸结合，不可过度使用；如乘舟，使太子知君舟民水，水能载舟亦能覆舟的道理；如见太子倚靠在曲木上，使太子知"此木虽曲，得绳则正"，也就是劝其要多接受臣子的诤谏；如此等等，不一而足。但是，这些通过教育的方式给予的经验毕竟是间接经验，缺乏亲切性。如果能让这些皇家子孙在民间生活一段时间，为政于一方，真正感受民间生活的疾苦，可能更加有效。

祸患常积于忽微〔1〕，而智勇多困于所溺〔2〕。

——《新五代史·伶官传序》

注释

〔1〕微：指微小的事情。"忽"和"微"均为古代非常小的计量单位。

〔2〕溺：沉溺，沉湎。

译文

祸患常常是由极其微小的坏事积累而成的，有智慧和勇气的人常常被他们所沉迷的事物困扰。

解析

此论事情有一个由量变到质变的过程，要防微杜渐，而且对于自己的喜欢的事情有时要学会节制。成功不是一蹴而就的事情，而失败也往往是由于不注意或不重视细节导致的。从个人的角度来说，要勇于正视自己的问题，经常自我反省，即使是小的错误和缺点也要及时纠正，正所谓"吾日三省吾身""勿以恶小而为之"。从国家的角度来说，全国性的动乱常常从一些小地方的混乱发展而来的，相比于暴动和战争，人心的背离是隐微的，这些经常为统治者轻视。局部性的小问题不解决容易发展为影响全局的大问题，宋朝的贫弱就是长期形成的（"积贫""积弱"）。

节制是一种美德。对于自己喜欢的事物，有时候沉浸其中可能会让自己成为一方面的专家成就一番事业，但有时候也会出现"玩物丧志"的情况。结合实际，理性的节制在某些时候是极为必要的。宋朝的"三冗"（"冗官""冗兵""冗费"）指的就是实际的官员、兵士和财政开支等已经超出了维持王朝正常运行的限度，数量的增多不仅没有使宋朝更加强大，而且造成了无谓的浪费，还削弱了统治者对王朝的控制能力。欧阳修的这句话不仅是在说唐庄宗、伶官，也是劝诫北宋的统治者，更是警示每一个人。

物以顺至者，必以逆观。天下之祸，不生于逆而生于顺。剑盾戈戟，未必能败敌；而金缯玉帛[1]，每足以灭人之国。霜雪霾雾，未必能生疾；而声色畋游[2]，每足以殒人之躯[3]。

——《左氏博议·卷二十四》

注释

[1] 金缯（zēng）玉帛：黄金、玉器和丝织品，泛指金银财物。缯，丝织品。《说文》："缯，帛也。"

[2] 声色畋（tián）游：淫乐美色和打猎游乐。畋，打猎。《广韵》："畋，取禽兽也。"

[3] 殒：丧失。

译文

事情顺着自己的心意到来的时候，一定要从相反的方向看待。天底下的祸患往往不是在违逆自己心意的情况下产生的，而是在顺着自己心意的情况下产生的。用剑盾戈戟等兵器不一定能够打败敌人，但是用金银财物每每能覆灭一个国家。霜雪霾雾不一定会让人生病，但是沉于声色和打猎游乐，每每能伤害人的身体、丧失生命。

解析

《左氏博议》为宋代吕祖谦的著作。吕氏精研《周易》，所以能够辩证地看待社会历史现象，而且能见人所未见、发人所未发。吕祖谦讲的"楚灭若敖氏"就是一个典型的例子。根据《左传》的记

安不忘危　居安思危

93

载，楚庄王曾令郑国攻打宋国，也是为了打击晋国。最后，宋败于大棘。晋国为了给宋国报仇，派赵盾攻郑，楚庄王令斗椒救郑。两军对峙的时候，赵盾退兵，斗椒以为赵盾是害怕了。斗椒是楚国若敖氏的一支，为了政权引发了楚国内部激烈的政治斗争，斗椒本人也很荒诞奢侈。经历赵盾退兵后，更加依仗自己权势放肆悖逆，最后楚庄王平定"斗越椒之乱"，几乎把若敖氏灭族。有的人认为，当时赵盾退兵是因为在智谋和兵力上不如楚军，在吕祖谦看来则是赵盾有意示敌以弱，"以养其恶"。因为如果真正打败斗椒，斗椒就有可能会悔改。

吕祖谦认为，如果事情顺乎我的心意到来，我也顺着自己的心意看待，那么只能看到吉而不能看到可能的凶险，这就是"顺之生祸也"。由此，吕祖谦提出了"逆观"的思想。这告诉我们，越是在顺境的时候，越要从中看到矛盾的对立面，对潜在的危机有所防范。在战争年代，很多人穿过了枪林弹雨，但是到了和平年代，却倒在了糖衣炮弹之下。这跟"剑盾戈戟，未必能败敌；而金缯玉帛，每足以灭人之国"其实是一个道理。针对于此，毛泽东在党的七届二中全会上提出了"两个务必"的工作作风，在今天仍然具有极强的教育意义与警示意义。

不乱离〔1〕，不知太平之难；不疾痛，不知无病之福。故君子于安思危，于治忧乱。

——《默觚·学篇》

注释

〔1〕乱离：指因为政治动荡或战争等带来的祸患。

译文

没有经历过乱离之苦，就不知道天下太平是多么难得；没有经历过生病的痛苦，就不知道没有病痛是何等幸福。所以，君子在安定的时候要思考可能的危难，在社会稳定的时候忧虑可能的祸乱。

解析

《默觚》为清代著名思想家魏源的著作。实际上，这段典文所说明的道理在魏源之前的思想家那里都能找到类似的说法。但是，如果把这段话放在魏源所处的时代加以审视，则意味深长。

魏源从人的直接经验出发，认为经历过"乱离""疾痛"之后方能知晓"太平之难得""无病之幸福"。这样的直接经验要想上升为普遍的认识则需要长期历史经验的积累和总结，进而作为一种间接经验来指导人们的行动。魏源生在中国历史上的最后一个王朝，这种经验不可谓不多。然而，彼时中国处于向近代转型的过程之中，士人和国家所面对的不仅是中国固有的传统，更重要的是恰遇欧洲先进的科学知识、军事器物，以及侵略扩张成性的资本主义上升期，欧洲对于传统王朝中国所制造的危机完全不同于中国固有历史过程中的王朝更迭危机。在新的历史情景中，如何基于"于安思危，于治忧乱"的普遍原理采取实质性的有力措施，其实是一个巨大的新挑战。居安思危的忧患意识虽然仍然有效，但如何具体地应对危机，方法大有不同。

在中西交流、碰撞之际，魏源在现实的国际斗争中，接过林则徐等少数进步人士的思想武器，"睁眼看世界"，提出"师夷之长技以制夷"的主张，积极向西方学习科学技术，这种学习的姿态与心态，在今天看来仍然具有积极意义。

第二篇

治国

『国者，天下之大器也，重任也。』这是中国古典政治思想中蕴涵着的极其宝贵的政治理性。在中国古典社会，为了实现这一目标，先贤提出了一系列以『治道』为中心的方略和原则。它们全方位的涉及政治、经济、军事、外交等领域，囊括了德治与法治、选贤任能、约束权力、净化吏治、移风易俗、官员素养等诸多实际的政治管理技术问题。这些治国理政的政治智慧和实践经验，虽然出自传统中国漫长的政治实践之中，但对于现代世俗社会国家的政治治理，仍然具有极强的启示意义，因而可以丰富当代世界政治治理的思想宝库。

周公曰："呜呼！休兹知恤，鲜哉〔1〕！古之人迪惟有夏，乃有室大竞，吁俊尊上帝迪，知忱恂于九德之行〔2〕。"

——《尚书·周书·立政》

注释

〔1〕"休兹知恤"二句：休，美也。兹，这。恤，忧。鲜，少。全句意谓：能在美好状态下知道忧患不安的局面，实在是太少了。此句或断为"休兹，知恤鲜哉"，意思没有多大变化。

〔2〕"古之人迪惟有夏"四句：迪，语气助词，无实义。乃，代词，一说"始"。有室，一般释为卿士大夫，一说"诸侯国"。竞，强，一说"敬"。吁，呼。俊，长，一说"贤俊"。迪，教导。忱（chén），诚。恂（xún），信。九德，九种德行，《皋陶谟》云"宽而栗，柔而立，愿而恭，乱而敬，扰而毅，直而温，简而廉，刚而塞，强而义"。金兆梓《尚书诠释》："此'九德'究为何九目不可必，窃以为此即无目，则'九'似非数字。"此四句或断为"古之人迪惟有夏乃有室，大竞吁俊尊上帝，迪知忱恂于九德之行"，意思亦没有多少变化。

译文

周公说："唉！处在美好的时候能够知道忧虑的人，实在是很少啊！古代的夏朝拥有卿士大夫，很强大，如此还要招揽贤人，遵循上天的教导，懂得诚实守信，恪守九德，以此为标准行事。"

解析

《史记·鲁周公世家》："成王在丰，天下已安，周之官政未次序，于是周公作《周官》，官别其宜；作《立政》，以便百姓，百姓说。"这段论述说明周公作《立政》之目的在于"便百姓"。这里的"百姓"不是"寻常百姓"之"百姓"，而是指"百官"。"立政"究竟为何意，历来的解释有所不同。《伪传》释为"建立政事"，《尚书正义》疏云"王者当立善政"，《经义述闻》以"立政，谓建立长官也"（"政与正同，正，长也"）。近人金兆梓先生提出"《立政》者，建立周邦之戒律也"之说。他认为，"所谓'立政'也者，即'少立自正'之谓也"，"自正必有所不为"。以上诸说供参。

"休兹知恤"即居安思危之意。成王"黜殷命，灭淮夷"，周公还政于成王，恐成王沉浸在胜利的喜悦中不能自拔，信任无德之臣，作《立政》以戒成王，涉及选官之标准、官位及其职责等方面，突出强调了"德"。周公认为，夏桀商纣都是任用了一些失德的人导致政事混乱，王朝也因失德被上帝惩罚。天命转移，周继天命而治理天下。鉴于此一教训，告诫成王要根据一定的道德标准选拔官员，延续文王设立的官职，使官员各司其职。同时，周公还认为，君王不能越俎代庖，切莫耽误在司法狱讼中，应当让主管部门去处理，一定程度上契合了"司法独立"的某些原则。强调把道德作为官员选拔和考核标准的理念和做法，在今天仍有借鉴意义。

丘也闻有国有家者〔1〕，不患寡而患不均，不患贫而患不安〔2〕。盖〔3〕均无贫，和无寡，安无倾。

——《论语·季氏》

注释

〔1〕有国有家者：杨逢彬认为，此即"有国者"和"有家者"，指国君和卿大夫。

〔2〕不患寡而患不均，不患贫而患不安：清人俞樾《群经平议》："樾谨按，'寡''贫'二字传写互易。此本作'不患贫而患不均，不患寡而患不安'。"许多版本皆从俞说。据杨逢彬考证，俞氏之说不能成立。俞、杨之理由参见《论语新注新译》。

〔3〕盖：连词，表原因。

译文

我孔丘曾经听说过：拥有国家或拥有封地的人，首要的不是担心财富寡少而应当担心财富分配不均衡，不是担心物力上的贫困而是担心社会的不安定。财富分配均衡了就没有贫穷现象，社会和谐了就不会显得物力寡少，社会平安了就不会出现倾覆现象。

解析

这段典文节选自《季氏》的首章，极为著名。典文中的"不患寡而患不均，不患贫而患不安"乃是此章的重要命题之一，体现了孔子的经济思想，也被用于政治学、社会学等领域。有人据此认为，孔子主张平均主义，显然这是把"均"肤浅地理解为"平均"

的意思，实在是莫大的错解。这不仅误解了孔子，也造成了一定的消极后果。朱熹注云："均，谓各得其分。"（《四书章句集注》）即每个人得到的财富是依据其等级名分而分配的。

"不患寡而患不均"的核心意蕴是财富分配的关键不在于最终每个成员获得财富的多少，而在于分配的原则、方式或过程是否符合公正、平等的原则。对这一原则的自然追求是植根于人类精神深处的价值取向。如果分配的原则是非正义的，就会造成多劳者少得、少劳或不劳者多得的现象，这显然无法被人们普遍接受。这不仅会挫伤人们劳动的积极性，影响物质生产的效率，还会影响社会的和谐稳定。现在，我们习惯把社会分配的问题比喻成"切蛋糕"，把生产比喻为"做蛋糕"。很多人倾向于把"蛋糕"做大，但孔子倾向于把"蛋糕"切好。当社会处在物质匮乏之际，把"蛋糕"做大是必需的。但任何时候都需要公正地切好"蛋糕"。联系孔子在《论语》中其他的思想，孔子更强调社会分配正义优先。我们可以将孔子视为中国古典社会强调社会分配正义优先论者。

远人不服，则修文德以来之〔1〕。

——《论语·季氏》

注释

〔1〕来：招来，招致。使之来。

译文

远方的人不来归服，就修明文教礼乐让他们自己前来学习。

解析

"远人不服，则修文德以来之"是"季氏将伐颛臾"章里的重要观念，对中华民族处理周边民族关系产生了深远的影响。孔子认为，如果一个国家在国内做到了"均无贫，和无寡，安无倾"，远人还不来归服，那么就再进一步地修文德、重教化，以此吸引他们过来。这体现出了孔子主张以"文德"的方式处理国家之间的关系，反对以武力征伐的手段扩大自己的政治影响。这还表明，孔子"修文德以来之"的国际关系思想要以国内的经济发展、政治稳定、社会和谐为基础和前提。

孔子的这一古典的政治与外交思想，明显的具有"仁德"论的色彩。"修文德以来之"就是以"仁德"作为一国的政治与外交的思想基础。"为政以德，譬如北辰，居其所而众星共之。"（《论语·为政》）这是孔子的德政理想。它上承《尚书》"平章百姓，协和万邦"的古老国际关系精神，下开孟子"仁者无敌于天下"、荀子"仁眇天下，义眇天下"的仁和天下观。以德服人，一直以来都是中华民族奉行的国际关系与民族政策。在现代国际社会中，中国政府特别强调通过文化搭起国家、民族之间交流的桥梁，加强文明交流互鉴，倡导构建人类命运共同体，推动人类文明的进步和世界的和平发展，这是在新的时代条件和背景下对"修文德的来之"的现代转化。

> 吾恐季孙之忧〔1〕，不在颛臾〔2〕，而在萧墙之内也〔3〕。
>
> ——《论语·季氏》

注释

〔1〕季孙：季孙氏，鲁国贵族，当时把持鲁国政治的三股主要势力之一。这里指季康子。

〔2〕颛臾（zhuān yú）：当时鲁国的附属国。

〔3〕萧墙之内：指鲁国国君。萧墙，鲁君用的屏风。

译文

我担心的是，季孙忧虑的不是颛臾，而是宫里那个人。

解析

"祸起萧墙"语出于此。当时，季氏要攻打颛臾，季氏的辅佐之臣仲由和冉求不能阻止，将这件事告诉孔子，孔子批评了他们。冉求虽说自己也不同意攻打颛臾，但又认为颛臾现在城墙牢固，跟费邑离得很近，如果现在不攻打，以后就成为祸患。孔子则一眼看清了事情的本质。当时，季氏权倾朝野，是鲁国政治的实际操控者，鲁哀公对此极为不满，与季氏的矛盾很大。季氏担心颛臾帮助鲁君，这才要攻打颛臾以消除隐患，所以季氏真正担心的是鲁君因为颛臾小国的帮助而力量变得更强大。

后世用"祸起萧墙"隐喻内部或身边的人带来祸乱，引申而言，在有些问题上要高度重视内部的忧患。翻阅史书，不难发现，历代王朝的覆灭很大一部分原因可以归于"祸起萧墙"，如政治腐败、

内部斗争、生活腐化等。所以，任何一个国家在任何时期都不能放
松整顿吏治。

故仓无备粟，不可以待凶饥〔1〕；库无备兵〔2〕，虽有义不能征无义；城郭不备全，不可以自守；心无备虑，不可以应卒〔3〕。

——《墨子·七患》

注释

〔1〕待：应对，防备。凶饥：饥荒。凶，指收成不好。

〔2〕兵：兵器。

〔3〕卒：通"猝"，指突发事件。

译文

所以粮仓里没有储备的粮食，就不能应对饥荒；兵库里没有储备的兵器，即便是出于正义也不能去征伐不道义的国家；城墙没有修葺得很完善，就不能保全自己；内心没有防备的考虑，就不能应对突发的情况。

解析

这段典文论述"备"的重要性。墨子极为重视"备"对于一个国家的意义，他认为"备者，国之重也"，而食、兵、城三者为"国之具"，要想守国则要备粟、备兵、备城，"心无备虑，不可以应卒"一句可以视为政治上"居安思危"纲领式的总结。

在墨子那个年代，无论是天灾还是战乱，随时可能会降临，充足的准备是防御外来侵略、应对天灾、维护社会稳定的前提，对于一个国家而言是重中之重。夏桀商纣灭亡的教训告诉我们，天子虽富有天下，但不可不有所防备。在此"三备"之中，在墨子看来，备粟更加重要："食者，圣人之所宝也。"墨子以朴素的唯物主义眼光看到，五谷是百姓得以生存，君主得以供养的必要条件，也是国家赖以生存的最重要的物质基础。因此，必须要通过努力耕种来增加粮食生产。然而，墨子也明白，即使是圣王治理天下，也不能保证五谷每年都可以丰收，不能免除水旱之灾。即便如此，在他们治理的时期百姓却没有遭到饥荒挨饿，根本原因在于正常的年份圣王不误农时、积累粮食，遇到灾年会以身作则、厉行节俭。

墨子提出的这"三备"尤其是备粟在和平年代仍然适用。备兵不仅是要储备兵器，还要改进武器、研发先进武器；备城不仅是要牢固城防，还要合理规划、科学建设。备粟不仅要多储备粮食，还要以科技创新支撑农业发展，解决粮食安全问题。目前，粮食安全问题是全人类共同面临的难题，中国要牢记农业是立国根本，要把中国人的饭碗紧紧地掌握在自己的手上。

战道：不违时，不历民病，所以爱吾民也〔1〕。不加丧，不因凶，所以爱夫其民也〔2〕。冬夏不兴师，所以兼爱其民也。故国虽大，好战必亡；天下虽安，忘战必危。

——《司马法·仁本》

注释

〔1〕时：农时。历：遭逢。

〔2〕丧：指国丧。凶：饥凶。

译文

战争的原则是：不在百姓从事农业生产的时候起兵，不在百姓遭逢流行疾病的时候起兵，这是要爱护本国的子民。不在他国有国丧的时候起兵，不在他国处于饥荒的时候起兵，这是要爱护他国的子民。冬天和夏天不起兵，这是爱护敌我两国的子民。因此，国家虽然强大，热衷于战争一定会灭亡；天下虽然安定，忘记战争一定会使自己出于危险的境地。

解析

《司马法》虽然是一部兵书，但是《仁本》篇论述兵道的同时又大谈仁义之道，一定程度上受到了儒家学说的影响。典文中的三个战道原则目的是为了"爱民"，这是"仁"的具体表现。关键在于，"爱民"不是仅仅爱自己国家的子民，而是还要爱护他国的子民。因此，基于这样一种"仁"的原则，可以保证自己在不得已的战争中保持战争的道义性与合法性，这就是中国传统兵法一类著作所说的"杀人安人""攻其国而爱其民""以战止战"的战争思想。这些思想表明,作者出于道义考虑来发动战争,认识到不能单纯的依赖武力征服,还要感化人心,体现了一种人道主义的政治思想与军事思想。

"国虽大,好战必亡;天下虽安,忘战必危"一句深刻地反思了战争对于国家的意义,见识卓越、振聋发聩。它一方面告诉人们,要坚决反对穷兵黩武,好战的结果必然是生灵涂炭、引火自焚;另一方面指出,即便是在和平时期,也不能忘记可能到来的战争,要加强军队建设、积极备战,以防万一。无论是"好战"还是"忘战",最后的结果是一样的,那就是灭亡。这一军事思想充分体现了对战争的理性认识,对于任何一个国家的军队建设和国防建设都具有警示和启迪意义。

故圣王号兵为凶器〔1〕，不得已而用之。今商王知存而不知亡，知乐而不知殃〔2〕。夫存者非存，在于虑亡；乐者非乐，在于虑殃。今王已虑其源，岂忧其流乎〔3〕？

——《六韬·兵道》

注释

〔1〕号：称作。兵：兵器或军队，代指战争。

〔2〕殃：祸害。

〔3〕源：水流始出之处，根源、根本的意思。流：与"源"相对，河流离开源头的部分，引申为"枝节"。

译文

所以圣王把兵器或战争看作是不祥之器，不得已的时候才使用它。如今商王只知道国家当下的存在而不知道它有灭亡的危险，只知道享乐而不知道祸害将要来临。当下的存在并不意味着长久的存在，要想国家长存就要从国家可能灭亡的角度去思考；当下的快乐并不意味着长久的快乐，要想长乐就要从可能出现祸害的角度去思考。现在大王您已经考虑根本的问题了，难道还担心枝节的问题吗？

解析

《六韬》的作者实已不可考，其成书时间学界也颇有争议。由于书中有很多与诸子百家相近的思想，一般认为是战国末期的作品。所谓"兵道"，就是用兵的原则。《六韬》认为，用兵的根本原

安不忘危　居安思危

则在于军事指挥权的集中统一，此外还要善于把握时势，指挥者的政治素质与军事才能也极其重要。这些思想与当前中国政府的军事指导思想有很多相似之处，如坚持党对军队的绝对领导，同时也十分重视军事人才等等。

以"兵"为"凶器"是先秦时期很多思想家的共识，如《老子·第三十一章》说："兵者不祥之器，非君子之器，不得已而用之。"《国语》《孙子兵法》《尉缭子》等书中都提到"兵者，凶器也"。可见，他们对于战争都保持一种极其谨慎的态度，也有一定的反战思想。历史的沉痛教训告诉我们，战争只会给国家和人民带来深重的灾难，要坚决反对战争。和平与发展是当今世界的主题，但是大国之间的局部冲突和战争，往往不可避免。"强国必须强军，军强才能国安。"为了维护国家的根本安全，就必须要有长远的眼光，增加军队的忧患意识，不断进行军队改革，完善军队建设，加快推进国防和军队现代化。

送往迎来，嘉善而矜不能，所以柔远人也〔1〕。继绝世，举废国，治乱持危，朝聘以时，厚往而薄来，所以怀诸侯也〔2〕。

——《中庸·第二十章》

注释

〔1〕嘉：赞美；嘉奖。矜：怜悯。柔：安抚。

〔2〕继绝世：延续已经中断的家族。举废国：复兴已经衰败的邦国。持：扶持，帮助。朝（cháo）聘：古代诸侯亲自或派人定期朝见天子。按朱熹《四书章句集注》，"朝"指诸侯去见天子，"聘"指诸侯派遣大夫来献礼拜见天子。《礼记·王制》："比年（笔者注：每年）一小聘，三年一大聘，五年一朝。"怀：与"柔"的意思相近，安抚之意。

译文

去的时候欢送，来的时候迎接，赞扬行善的人同时怜悯能力差的人，这就是优抚远方来人的原则。延续已经中断的家族，复兴已经衰败的邦国，治理乱局，扶持处在危险中的人，定期接受诸侯的朝见和访问，诸侯的纳贡虽然菲薄但赏赐诸侯的东西却丰厚，这就是安抚诸侯的原则。

解析

此章提出了治理天下国家的"九经"（九条原则），"柔远人""怀诸侯"为其中之二，"柔远人"不仅是一种待客之道，它和"怀诸侯"结合在一起可以上升为"怀柔远人"的古典国家的外交原则。

113

"柔远人"是为了让四方的人都来归服；"怀诸侯"是为了让天下的诸侯国之人心生敬畏。在这九条原则中，修身是根本，即以个人的道德修养为起点，推及他人，进而推广到社会、国家乃至天下。这说明，儒家把国家和天下秩序建立在最高君王的个人道德修养的基础上，将政治秩序伦理化，以人伦关系尤其是亲情关系为基础来看待和处理国家与国家之间的关系。在儒家看来，道德感化是实现政治统一、天下安定最理想的方式。

两千多年的传统中国，几个重要的帝国王朝都在不同程度上遵循着"怀柔远人"的种种做法，以处理与其他国家、地方之间的关系，形成了古代的朝贡天下体系。这虽然与现代以互相平等、互惠互利为原则的国际关系不同，但比起霸道、征服的野蛮国际关系思想而言，仍然是一种比较可取的古典国际关系思想。

凡为天下国家有九经[1]，所以行之者一也。凡事豫则立[2]，不豫则废。言前定则不跲[3]，事前定则不困，行前定则不疚，道前定则不穷。

——《中庸·第二十章》

注释

〔1〕九经：修身、尊贤、亲亲、敬大臣、体群臣、子庶民、来百工、柔远人、怀诸侯。经，原则。

〔2〕豫：预先。朱熹《四书章句集注》："豫，素定也。"素定，就是预先确定。

〔3〕跲（jiá）：朱熹注"跲，踬（zhì）也"，这里指说话不顺畅。

译文

总的来说，治理天下国家的原则大体有九条，但让这些原则能够生效的保证只有一个（那就是诚）。大凡做事，有所准备就可以成功，没有准备就会失败。说话前先有所准备，就不会言语不畅；做事前先有准备，就不会陷入困境；行动前先有准备，就不会痛苦后悔；实行道前先有准备，就不会走投无路。

解析

"凡事豫则立，不豫则废"一句已经成为国人经常使用的熟语，用来说明做事之前要先有所计划、准备，居安思危等等。朱熹注云："凡事，指达道达德九经之属。"（《四书章句集注》）"行之者一"的"一"是指"诚"，"诚"是"九经之实"；有了"诚"，"九经"

安不忘危 居安思危

115

才不至于沦为虚文。按照我们的理解，"凡事豫则立"与下一段文字相连，与上文"九经"之属不相联，强调做成一切事情，必须要有所准备、思考。没有充分准备与思考的事情，是不会成功的。九经虽多，诚为其前定。事情虽杂，要做某事之前，深思和准备可以让其成功。诚为天道，亦为人的德性之必备。思诚或体认天道，发挥人的能动性，则可以参天地赞化育。

"凡事豫则立，不豫则废"，在强调计划性的现代社会生活中更具有现实的启迪意义。新中国推出的多个"五年计划"，应该说生动地体现了这古老的智慧。

仁则荣，不仁则辱。今恶辱而居不仁〔1〕，是犹恶湿而居下也。如恶之，莫如贵德而尊士，贤者在位，能者在职。国家闲暇〔2〕，及是时，明其政刑〔3〕。虽大国，必畏之矣。

—— 《孟子·公孙丑上》

注释

〔1〕恶（wù）：厌恶。

〔2〕闲暇：太平无事，没有内忧外患。

〔3〕刑：法律。

译文

实行仁政就会获得尊荣，不实行仁政就会遭受屈辱。现在人们厌恶屈辱却又自处于不仁的境况，这就好像厌恶潮湿却住在低洼的地方一样。如果真的厌恶屈辱，就不如重视道德并且尊重士人，让贤德的人身居高位，让有才干的人担任要职。国家没有内忧外患，趁着这个时候，修明政治和法典。如此，即便是大国，也会敬畏这样的国家。

解析

"仁政"是孟子政治哲学的核心思想，他终其一生都在矢志不渝地向君主推行这一主张。孟子认为，理想的政治秩序是"王道"，要实现这一政治目标就要实行仁政。仁政是治理国家的基本原则，关乎国家的名誉和安危，所以他说"仁则荣，不仁则辱"。孟子已经认识到，要想使别人和他国心悦诚服，根本在于以德服人而非以

安不忘危　居安思危

117

力服人。只要执政者真切地实行仁政，民众就会真心地支持执政者，国家就会富强而"无敌于天下"。孟子相信，如果执政者实行了仁政却没有"王天下"，这是不可能的事情。那么，如何实行仁政呢？在孟子看来，就是要整饬吏治、修明法典、选贤任能。哪怕是一个小国，如果能推行仁政，自然会上下一心，所以那些大国也不敢来攻打它。这实际上是把政治的治乱安危奠定在仁政之道的基础上。同时，孟子还援引《诗经》"未雨绸缪"的典故来告诫执政者，不要被一时安逸的政治生活所迷惑，应当把握好时机，更加彻底地贯彻和执行仁政的政策，做到有备无患。

今国家闲暇，及是时，般乐怠敖〔1〕，是自求祸也。祸福无不自己求之者。《诗》云："永言配命，自求多福。"〔2〕《太甲》曰："天作孽，犹可违；自作孽，不可活。"〔3〕此之谓也。

—— 《孟子·公孙丑上》

注释

〔1〕般（pán）乐：大肆逐乐。赵岐训"般"为"大"。怠：怠惰。敖：同"遨"，出游。

〔2〕永言配命，自求多福：语出《诗经·大雅·文王》。永，长。言，语助词，无实际意义。配命，意思是我周朝之命长久地与天命相配。

〔3〕天作孽，犹可违；自作孽，不可活：语出《尚书·太甲》。《太甲》篇今已亡佚，现存《太甲》篇为伪作。违，逃避。活，《礼记·缁衣》引作"逭（huàn）"，逃避的意思。

译文

现在看起来国家比较和平安宁，当这个时候，大肆虐地追求享乐，田猎游玩，这恰恰是自己招惹祸患。国家的祸福没有一件不是自己招惹来的。《诗经》说："要长久地与天命相配合，自己寻求更多的福报。"《尚书·太甲》说："上天降下灾祸，有时还可以逃避；自己造成的灾祸，那是逃不掉的。"正是这个意思。

解析

孟子深刻地指出，当一个国家平安无事时，执政者如果放松警惕，追求享乐，沉湎于田猎游乐之中，这无异于给国家埋下祸患。他提出"祸福无不自己求之者"的思想，进而引用《诗经》和《尚书》两部经典的话予以佐证，体现了中国传统政治思想中高度重视执政者的主体性、能动性的积极面向。在政治生活中，执政者始终保持一种清醒的政治意识，积极有为，既可以长久地保持一国的安宁，也可以转危为安。孟子提出"行有不得者，皆反求诸己"（《孟子·离娄上》）的方法，既是一种道德修养的方法，也是一种执政者勤政理政的方法。他以射箭为例，形象化地说明，追求仁义、践行仁义就像射箭一样，射不中是自己的原因，不要去埋怨那些胜过自己的人（《孟子·公孙丑上》）。这种不断严格要求自己的精神，正是易哲学"天行健，君子以自强不息"精神的生动体现。

故明君者必将先治其国，然后百乐得其中。暗君必将急逐乐而缓治国，故忧患不可胜校也〔1〕，必至于身死国亡然后止也，岂不哀哉！将以为乐〔2〕，乃得忧焉；将以为安，乃得危焉；将以为福，乃得死亡焉；岂不哀哉！於乎〔3〕！君人者亦可以察若言矣〔4〕！

——《荀子·王霸》

注释

〔1〕胜（shēng）校（jiào）：全部计算清楚。胜，尽、全部。校，计数、统计。

〔2〕将（qiāng）：希望。

〔3〕於（wū）乎：同"呜呼"。

〔4〕若：代词，这里表示"这些"的意思。

译文

所以贤明的君主一定要先治理好他的国家，然后从这其中得到快乐。昏庸的君主一定会先着急追求享乐而延缓治理国家的事务，因此就造成了数不清的灾患，一定是等到他身死国灭之后，这些灾难才能停止，这难道不是很可悲吗！希望如此可以获得快乐，得到的却是灾难；希望如此可以得到安定，得到的却是危险；希望如以可以得到幸福，得到的却是死亡；这难道不是很可悲吗！呜呼！作为人君，对这些话不能不认真地明察啊！

|解析|

　　这段典文说明了先忧后乐的道理。一国之君想要得到快乐，必须要将这种快乐建立在国家安定的基础上，这就要求君臣共同努力以治理好国家为最大的快乐。如果不明白先忧后乐的道理，把享乐放在第一位而疏于国家的治理，必然导致身死国灭的结局，悔之晚矣！历史上那些昏庸的君主都是图一己之乐，荒于理政，置国家和人民的安危于不顾，最后使得国家灭亡。因此，君主之乐非一人之乐，而是要以国家富强、社会安定、人民幸福为前提和条件的，并以这些目标的实现为快乐。

　　在荀子看来，君主要想得到快乐其实也是有方法的。所谓"治国有道，人主有职"。最高的执政者若能选贤用能，并且使这些人能够坚持正道来办事，这样一来，君主的职责虽然简约，但却是富有成效，而且自己不必过于劳累，可能实现君逸而臣劳的理想治国局面。

夫为人主而身察百官，则日不足，力不给〔1〕。且上用目，则下饰观；上用耳，则下饰声；上用虑，则下繁辞〔2〕。先王以三者为不足，故舍己能而因法数、审赏罚〔3〕。

——《韩非子·有度》

▍注释▍

〔1〕给（jǐ）：足，够。

〔2〕繁辞：使言辞繁多，指夸夸其谈。

〔3〕因：凭借，依靠。数：术。审：审查，弄明白。

▍译文▍

做君主的如果要亲自去考察百官，那么就会感觉时间和精力都不够。况且，如果君主用眼睛来看，那么下面的人就会装饰外观让君主看不到真相；如果君主用耳朵来听，那么下面的人就会花言巧语，使君主听不出其中的诡诈；如果君主用脑子思虑，那么下面的人就会夸夸其谈，使君主不能拿定主意。古代的帝王认为用眼睛考察、耳朵探听、动脑思虑都不够，所以不依赖自己的能力而凭借法度、严明赏罚。

▍解析▍

为了适应历史的要求，法家构建了一套以"法、术、势"为核心的政治学说。韩非为法家思想的集大成者，融法、术、势三者为一体。这段典文主要阐述了韩非的法治思想。韩非极其理性地看到君主凭借个人之力对于治理国家的局限性，故而特别强调制度的力量。君主对所有的官员和事情不可能一一了解，他想要知悉天下之事就需要听下面官员的汇报，但是一些大臣为了迎合取悦君主或者逃避责任，就会隐瞒真相、粉饰太平。实际上，天下已经大乱了，他们却告诉君主天下太平无事，让君主误认衰乱之世为盛世、以危为安。为了避免这种情况，韩非提出要采取外在的强制性规范，即严法律、重赏罚，以此来惩治那些欺上瞒下、虚伪奸诈的臣子，以儆效尤、整顿吏治，使臣子们忠于职守，为君主和国家尽心尽力。

在反对人治，强调制度的力量方面，韩非子的法术势相统一的方法有其合理性的一面。但是，韩非子的政治思想完全是为了君主的政治权力稳固而服务的，其中缺乏基本的人文主义精神，而且鼓吹政治暴力，阴险的御臣之术，等等，对此需要严肃认真地批判，然后吸取其中重视制度力量的合理性思想要素。

有道之君，不贵其臣；贵之富之，备将代之〔1〕。备危恐殆〔2〕，急置太子，祸乃无从起。

——《韩非子·扬权》

注释

〔1〕备：顾广圻认为"备"当作"彼"，意指臣子。

〔2〕备：防备。殆：危险，与"危"的意思相同。日人太田方《韩非子翼毳（cuì）》："'危''殆'字，通言之，训义相同；别言之，'危'以势言，'殆'以形言。《三守篇》云'三守不完，则国危身殆'。是也。"

译文

懂得道术的君主，不让自己的臣子显贵；使臣子显贵而且富裕，他们可能会取代君主。防备国家陷入危险，害怕自身遭遇祸殃，就得赶快设立太子，这样祸乱就无从发生了。

解析

这段典文体现了韩非的势治思想。所谓"势"就是权势，即君主的统治权。韩非从国家和君主自身之安危的立场出发，宣扬君权至上。如何实现它呢？具体来说就是"不贵其臣"，这也在一定程度上体现了君主的驭人之术。自古以来，君臣关系一直是国家政治的重要内容之一，如何处理君臣关系关系到国家的稳定。按照韩非的政治哲学，"明君贵独道之容"，君臣之间有着天然的等级秩序，君主至高至尊的原则不可挑战。因此，就不能让大臣的权力、财力等过大，以免威胁到君主的政治地位。如《亡征》云："凡人主之国小而家大，权轻而臣重者，可亡也。""大臣甚贵，偏党众强，壅塞主断而重擅国者，可亡也。"《爱臣》也说："爱臣太亲，必危其身；人臣太贵，必易主位。"由此，对于大臣结党营私、钩心斗角、专制擅国等种种不良现象，君主要及时遏制以维护自己的统治。除此之外，为了避免政权被人控制或夺取，还要及早设立储君，因为"太子未定而主即世者，可亡也"（《亡征》），也就是说君王去世而太子未立是治国的大忌。

韩非这段论述的目的主要是巩固君主专制统治、加强中央集权，就当时而言是具有积极意义的，然而这种鼓吹独裁的倾向在今天无疑应当被摒弃掉。但是，以这种政治主张形式所表现出的最高政治权力转移过程中的居安思危思想，在今天仍然有一定的参考价值。

大心而无悔〔1〕，国乱而自多〔2〕，不料境内之资而易其邻敌者〔3〕，可亡也。

——《韩非子·亡征》

注释

〔1〕大心：傲慢自大。

〔2〕多：称赞，赞美。

〔3〕资：条件。刘向《战国策》："三资者备，而王随之矣。"易：轻视。

译文

傲慢自大却不自省悔悟，国家混乱却自己称赞形势大好，不估量国内的条件却轻视毗邻的敌国，这样国家可能会走向灭亡。

解析

此段典文揭示了这样的道理：一个不能正视自己、认清形势而又轻视敌国的国君，是亡国之征兆。所谓"亡征"，顾名思义，就是亡国君主的征兆。在《亡征》篇中，韩非列举了四十七种征兆，涵盖了治国理政的诸多方面，有许多征兆其根本意思大抵相同。与这一条相关联的还有"国小而不处卑，力少而不畏强，无礼而侮大邻，贪愎而拙交者，可亡也"，"无地固，城郭恶，无畜积，财务寡，无守战之备而轻攻伐者，可亡也"，如此等等。这些征兆涉及君主的心态、国家的外交和战争等方面，但是指向的道理是一致的，即要有自知之明、明白有备无患。

一切从实际出发，充分认识自己目前现有的能力和条件是做事的重要基础。如果自己的实力不够、时机尚不成熟，而狂妄自大、盲目行事，一定不会取得成功。改革开放之初，在外交的问题上，邓小平曾提出"韬光养晦"的策略，认为中国虽是大国，但不是强国，关键要把中国自己的事情做好。这种韬光养晦的外交策略不是逃避国际责任，而是一种了解时局、居安思危、养精蓄锐、厚积薄发的政治智慧。今日中国的综合国力和外交已经迈上了一个崭新的台阶，要求中国有所作为。但是，中国要想在复杂的环境中继续发展、强大，必须要认清世界大势，坚持国际和平主义原则，承担与本国能力相称的国际责任，仍然不能丢弃"韬光养晦"的政治遗产。

郑简公谓子产曰："国小，迫于荆、晋之间。今城郭不完，兵甲不备，不可以待不虞。"[1]子产曰："臣闭其外也已远矣[2]，而守其内也已固矣，虽国小，犹不危之也。君其勿忧。"是以没简公身无患[3]。

——《韩非子·外储说左上》

注释

〔1〕"郑简公谓子产"一句，郑简公，姬姓，名嘉，春秋时期郑国国君。子产，姓公孙，名侨，曾辅佐郑简公、郑定公。荆，春秋时期，楚国也称荆，后有"荆楚"一词。城郭，内城和外城。兵甲，兵器和铠甲。不虞，不能预料的事，意外之事。虞，预料。

〔2〕闭：关闭，这里引申为防守。远：久。

〔3〕没：同"殁"，去世。

译文

郑简公对子产说："郑国很小，又夹在楚国和晋国之间。现在城墙都不完善，兵器盔甲都不完备，不能应付意外的变化。"子产说："我已经防守边境很久了，而且守卫国内也很牢固了。国家虽然小，但尚且不危险。您不必担忧。"因此，直到郑简公去世，国家都没有祸患发生。

解析

韩非借郑简公和子产的对话阐明了如何实现长治久安的治国之理，值得深思。总体上可以从以下四个方面加以把握。第一，从郑简公的话中可以看出，他对于国内外的形势有基本的认识。就国内而言，郑国本身就是小国，而且军事防备也有待完善；就国外而言，郑国地理位置特殊，南连楚国、北接晋国，处在两个大国之间，安定常常是暂时的。总而言之，郑简公认为郑国面临内忧外患，其本人对此也有危机意识和防备意识。第二，子产的政治意识和能力均有过人之处，体现在他不仅认识到郑国之危，而且充分尽到了臣子的职责，采取了切实的行动，如在国土边境加强防备，对内则推行政治改革。即治理国家不仅要安内，还要有能力抵御外侮，做到内外兼顾、内外兼治。第三，说明国家的安危存亡不在国之大小的道理。在韩非看来，能够做到居安思危、有备无患，"虽国小，犹不危"。与此相反的情况是"国虽大，必危"。从地理版图上来看，郑国的领地远逊于楚国和晋国，但却有重要的战略意义。由于这个原因，在郑简公以前，郑国频频遭到诸侯的攻伐，常年处于战乱之中，郑国也很难发展、强大自己。子产当政以后，在交外上既坚持正义原则，又采取灵活手段，成功地抵御了晋楚两大诸侯国威迫利诱，内行改革，赋民以积极从事农业生产、通商的诸多政策。在一定程度上扭转了郑国被动挨打的局面，在郑简公时代，郑国均未发生严重的祸乱。可见，子产正确的军事和政治举措对于增加郑国的整体国力是卓有成效的。

夫欲利者必恶害〔1〕，害者，利之反也。反于所欲，焉得无恶？欲治者必恶乱〔2〕，乱者，治之反也。是故欲治甚者，其赏必厚矣；其恶乱甚者，其罚必重矣。

—— 《韩非子·六反》

注释

〔1〕恶（wù）：厌恶。

〔2〕治：安定。

译文

想要得到利益的人一定厌恶祸害，祸害是利益的反面。跟自己想要的相反，怎么会不厌恶呢？想要安定的人一定厌恶混乱，混乱是安定的反面。因此，非常想要安定的人，他（对带来安定局面的行为或人）的奖赏一定很丰厚；非常厌恶混乱的人，他（对造成混乱对行为或人）的惩罚一定很重。

解析

这段典文从治乱的高度阐述了正确运用赏罚手段的重要性。韩非基于人性"欲利恶害"的特点与弱点，提出"厚赏重罚"的主张。韩非认为，判断君主愚笨还是聪智、昏庸还是贤明的重要标准就是赏罚的轻重。在他看来，之所以有人主张轻刑，是因为这些人对混乱的厌恶和对安定的渴求都不够强烈，这无疑是在误国乱国。针对于此，韩非强调要重赏重罚。

对人性"欲利恶害"的认识和把握，是韩非政治哲学的基石。

人类趋利避害的本能为赏罚的存在和执行奠定了人性基础。赏是要鼓励人们行善，罚则是禁止人们作恶。对于"厚赏重罚"这一行政手段，应当从两个方面看待。一方面，"厚赏重罚"对于整顿吏治、防止贪污腐败、净化政治环境具有一定的积极意义。但也要注意这一手段的边际效应；另一方面，由于社会财富的有限性，统治阶级往往采取的重罚而非厚赏。中国历史上发明了很多非人道的极端酷刑，片面地认为"重罚"可以做到杀一儆百，结果导致酷刑泛滥，最终也导致了王朝的灭亡。传统中国王朝政治中的党争、腐败问题，仅仅通过"厚赏重罚"的手段是不可能得到解决的。明朝的惩罚是历朝中最为严厉的，但也无法扼制官僚阶层的腐败，主要是与明王朝的根本制度缺陷有关。

当代中国社会提倡建设社会主义的法治国家，通过法治的制度建设与完善，让一切赏罚的行为与结果均有相对明确的客观标准，逐步在全社会形成良好法治制度的社会期待效应。同时，我们一定要清醒地意识到，赏和罚本身不是目的，而永远只是调整、规范人们行为的手段。韩非说"重刑者，非为罪人也"，"重一奸之罪而止境内之邪"。意思是说，采取重刑不是单纯为了惩罚某个人，而是要制止整个国家的邪恶。这样的惩罚理念在原则上是可取的，但仍然要合乎现代法治量刑适当的原则。

虑福未及，虑祸之〔1〕，所以皃之也〔2〕。武王以武得之，以文持之，倒戈弛弓，示天下不用兵，所以守之也。

——《吕氏春秋·原乱》

注释

〔1〕虑祸之：《淮南子·人间训》有云："计福勿及，虑祸过之。"陈昌齐和王念孙据此认为"祸"下脱"过"字。

〔2〕皃（mào）：同"貌"。一说"皃"当作"免"（陈昌齐）。一说"皃"当作"完"，"全也，言所以全其身也"（王念孙）。一说"皃"通"邈"（张富祥）。此处从王说。

译文

对福祉宁可想得不周全，对祸乱宁可估计得严重些，这是保全自身的方法。武王凭借武力得天下，用文德治天下，倒置干戈，松开弓弦，向天下宣示不再用兵，这是守住天下的方法。

解析

《原乱》开篇说"乱必有弟"。弟，通"第"，次第之意。意思是说祸乱有其发展过程和顺序，大乱之后还会有小乱，只有对大乱和小乱进行多次平息之后，才能够达到一个较为安稳的局面。因此作者告诫君主持国要慎重，一方面不要认为平息了祸乱之后就不会再有祸乱发生；另一方面也不要主动制造祸乱，避免造成连锁反应，导致祸乱不断发生而危及自身。由此提出"虑祸过之"的劝告。

此外，作者还以武王为例说明得天下和守天下的道理。《孙子兵法》有类似的说法："令之以文，齐之以武。"用今天的话来说，这里的"文"和"武"分别主要指的是政治思想教育和强制性的军法军纪，与"以武得之，以文持之"既有联系又有区别。《孙子兵法》所说的是在治军的同一阶段要文武兼用，《原乱》所说的是在不同的阶段采取的方法、措施有所不同，实际上是也有兼采文武的意思，不过要根据具体情况有所侧重。典型的案例就是宋朝的"重文轻武"。宋太祖看到了武将专权的消极后果，"杯酒释兵权"，实行了"以文治天下"的基本国策。但宋王朝对外显得过于软弱，也严重地影响了宋王朝的内部稳定。

夫国之存也，邻国有焉；国之亡也，邻国有焉〔1〕。邻国有事，邻国得焉；邻国有事，邻国亡焉〔2〕。天下有事，则圣王利也。国危则圣人知矣〔3〕。夫先王所以王者，资邻国之举不当也；举而不当，此邻敌之所以得意也。

—— 《管子·霸言》

注释

〔1〕"夫国之存也"四句：一说"虽存而国小弱，必事邻国以为安"，"因其亡而取之"，"故曰邻国有焉"（《管子校注》）。"邻国有焉"实即"有邻国焉"。

〔2〕"邻国有事"四句：一说"邻国有征伐之事，因而败绩，故邻国得焉"，"或有征伐之事，大胜而多获，遂亡邻国"，此即把"事"解释为"征伐之事"。江户时代著名汉学家猪饲彦博认为"事"字谓举动，不止征伐的意思。

〔3〕知：同"智"。

译文

国家的存在和邻国有关系，国家的灭亡也和邻国有关系。邻国发生变故，邻国可以有所得，也可以有所失。天下发生祸乱之事，圣明的君主总能借此得利。国家危亡的时候，才显示出圣人的智慧。先王之所以能够成就王业，是利用邻国的举措不当。举措不当，这正是邻国的敌人之所以得意的原因。

安不忘危 居安思危

135

解析

　　这段典文是春秋末战国初的时代背景下讨论诸侯国之存亡与邻国之间密不可分的关系。当邻国举措不当、内部不安定的时候，恰好是发展自己或攻打邻国的好时机，阐发"霸王者有时"的道理。这段话阐发了一国政治安危与其他诸侯国家之间的关系，对于今天的国际社会而言，也具有一定的启发意义。

　　"重宫门之营，而轻四竟之守，所以削也。"只重视宫廷小范围的政治活动而忽视国家边疆的防御，一个国家的政治一定会出现较大的问题。边境安全问题是任何国家都必须重视的国家安全问题之一。中国地域广大，周边国家众多，边境安全问题极其复杂而且处在动态的变化过程中，需要谨慎对待。如何恰当处理与周边国家的关系，维护中国的边境安全，是当代中国政治生活中的重要事情。当前的国际社会中，一些国家为了得到大国的保护和支持，也采取远交近攻的古老邻国相处策略，依附大国，对中国周边的政治安定形成了一定威胁与影响。作为具有丰富的处理周边关系经验的中国，始终奉行不结盟的外交政策，坚持独立自主地发展对外关系。一方面利用邻国"举而不当"的时机，充分发展自己。另一方面，中国始终坚持和平共处的外交政策，对于邻国始终保持友好协商的态度，处理领土及其他遗留的历史问题，以增进相邻两国人民的福祉为目的。当前，人类共同面临着巨大的环境与生态难题，中国政府倡议"构建人类命运共同体"，进而实现人类之间的和平相处。在"构建人类命运共同体"的高远目标下，中国将会更加智慧地处理与周边的邻国关系，审慎地对待周边邻国的政治问题与社会问题，在尊重邻国主权的前提下，提供力所能及的帮助，进而实现睦邻友好。

圣人怀仁仗义，分明纤微，忖度天地〔1〕，危而不倾〔2〕，佚而不乱者〔3〕，仁义之所治也。

——《新语·道基》

注释

〔1〕忖度：揣度。忖度天地，就是"仰观天文，俯察地理"的意思。

〔2〕危：高。倾：倒下。

〔3〕佚：通"逸"，放纵。这里有宽松、闲暇之意。

译文

圣人心怀仁德，主持正义，能够分辨明察细微的事物，揣度天地运行的法则，地位虽高却不会倾覆，人民生活很闲适但不会导致淫乱，这是运用仁义之道来治理国家的结果。

解析

《道基》篇的宗旨是阐述"仁义"在政治生活中绝对重要性。"仁者道之纪，义者圣之学。""仁义"既是成就个人道德品行的前提，维系夫妇、朋友、君臣人伦关系的准则，也是治理国家的基础和原则。"仁义"的根源在于"天"，圣人参合天地才有了治理天下的方法。因此，为了治理好国家，圣人必须"仰观天文，俯察地理"，不违背天时，不使万物失去其本性。天地人三者之间的和谐彰显出来的就是圣人的"仁义"，保持这种和谐的国家自然也会得到很好的治理。把国家建立在"仁义"的基础上，就不会有倾覆的危险，人民有限度的安逸享乐也不会导致社会秩序的紊乱。究其原因，这是因为巩固了"仁义"这个根本。背弃仁义，也就不可能持续地建功立业，一定会败亡。

陆贾对"仁义"的强调无疑是出于儒家的立场，他阐述的"功德参合"、天人和谐的思想，与先秦时期孟子的"不违农时"、荀子的"天行有常"、人与天地参等思想具有紧密的联系，在今天也富有启示意义：一个国家想要治理好，执政者和官员必须要加强个人修养，在全社会展开道德建设，物质文明和精神文明要"两手抓"；要真正构建"五位一体"的和谐社会，就要敬畏自然，与自然和谐相处，不能罔顾自然规律一味征服自然，搞面子工程。

三代之法不亡，而世不治者，无三代之智也；六律〔1〕具存，而莫能听者，无师旷〔2〕之耳也。故法虽在，必待圣而后治；律虽具，必待耳而后听。故国之所以存者，非以有法也，以有贤人也〔3〕；其所以亡者，非以无法也，以无贤人也。

——《淮南子·泰族训》

注释

〔1〕六律：古代的音律，有狭义和广义之分。狭义上指黄钟、太簇、姑洗、蕤（ruí）宾、夷则、无射六个音律（六阳律），与大吕、夹钟、仲吕、林钟、南吕、应钟六个音律（六阴律）合称"十二律"。广义上指"十二律"。

〔2〕师旷：字子野，春秋时期晋国的著名乐师。目盲，善弹琴，尤精于辨识音律。

〔3〕贤：刘文典在《淮南鸿烈集解》有按语："《御览》六百二十四引，作'以无圣人也'。"有观点认为，"智""贤"均当为"圣"字，强调"贵圣"之义。

译文

夏、商、周三代的法度没有消失，但是社会却不能得到很好的治理，这是因为后世没有三代时那样的圣人了；古代的音律都保存了下来，但是却没有人能够清楚地分辨，这是因为没有师旷那样的耳朵了。所以，古时候的法度虽然存在，但是必须要等到圣人出现才能够利用这些法度治理好社会；古时候的音律虽然都保存着，但是必须要有著名乐师的耳朵才能够分辨。因此，国家之所以得以保存，不是因为有法度，是因为有圣人；国家之所以灭亡，不是因为没有法度，而是因为没有圣人。

┃解析┃

《泰族训》为《淮南子》正文最后一卷，被认为是全书之总结，集中体现了该书的政治思想。这段典文在讨论法度与圣人在国家治理中的作用时，突出了圣人的能动性。就《泰族训》全篇的思想主旨而言："失本则乱，得本则治。"其所言之"本"就是仁义，而法度只是"治之具"，因而是末。本末虽然是"一体"的，但要先本后末，不可舍本逐末。从"一体"的角度讲，法度的存在是要辅助仁义，以修礼义、立廉耻，达到教化、治理百姓的效果。这就需要"贵圣人"。而圣人看到祸乱生起的缘由不是法度不存而是风俗败坏。因此，圣人知仁义、明法度，就必然让仁义优先于法度，以仁义为基础与前提，才能让法度发挥最大的功用。这里体现了《淮南子》一书在治道层面，即社会管理层面吸收儒家仁政思想的特点。

仁义（或圣人）与法度的关系的实质是德治与法治的关系，两者的关系问题是古今中外国家治理所共同面对的课题。必须承认，单一的法治或德治均有其局限性，但在现代国家政治理念中，法治绝对不是对德治起辅助作用，德治也不仅仅是法治的补充。二者有自己的管辖范围。当代中国政府将依法治国和以德治国紧密地结合起来，既强调制度的刚性约束性，也强调人的道德自觉，特别是国家行政人员要具备较高的道德素质，从而实现国家的长治久安。

今贵人之所贱，珍人之所饶，非所以厚中国，明盛德也。隋〔1〕、和〔2〕，世〔3〕之名宝也，而不能安危存亡。故喻〔4〕德示威，惟贤臣良相，不在犬马珍怪。是以圣王以贤为宝，不以珠玉为宝。

——《盐铁论·崇礼》

注释

〔1〕隋：隋侯珠。

〔2〕和：和氏璧。

〔3〕世：本无此字，据王先谦说校补。

〔4〕喻：告知。

译文

现在看重别人所轻视的东西，珍惜别人富足的东西，不是用来提高国家地位、宣明盛德的方法。隋侯珠、和氏璧，是世间著名的珍宝，但并不能使国家转危为安、持久持存。所以使别人了解自己的盛德，显示威严，只有依赖贤明的大臣和杰出的宰相，不在于奇异的犬马和珍贵的珠宝。因此，圣明的君王把贤才当作珍宝，不把珠玉当作珍宝。

解析

《崇礼》围绕"怀广远、明盛德"的方法展开辩论，突出了"礼"的作用，并由此引出"贤"的重要性，提出了"圣人以贤为宝，不以珠玉为宝"，"贤者所在国重，所去国轻"的观点。因此，该篇的主旨一方面是"崇礼",同时也是"崇贤"。

在大夫看来,国家怀柔四夷、"喻德示威"的方法是陈列旌旗兵马,展示武力和国家的奇珍异宝;而贤良则认为"崇礼施德"才是根本所在,主张用礼乐教化夷族,使其崇尚仁义,从内心里真诚地主动依附,而不是畏于武力的威慑被迫选择依附。对于一个国家而言,最重要的珍宝不是世上稀有之珠玉,而是贤能的人才。一代名相晏婴以礼治国,一定程度上维系了齐国的事业;管仲由鲁入齐,齐国强大而鲁国衰弱。由此可见,礼义和贤人才是国家安危存亡的关键。"不以珠玉为宝"的思想在孟子那里也有所体现。《孟子·尽心下》载:"孟子曰:'诸侯之宝三:土地,人民,政事。宝珠玉者,殃必及身。'"君主当以国事为重,拥有了土地、安抚好人民、处理好政事,国家才能够富强,弃此三者而以珠玉为宝的,灾祸一定会降临到他身上。要想处理和利用好"三宝",难道不正是需要礼仪教化、贤人辅佐吗?即便是在战火纷飞、危乱存亡的时代,"崇礼崇贤"也是具有合理性的,在今天更是如此。

夫以天子之位，乘今之时[1]，因天之助[2]，尚惮以危为安，以乱为治；假设陛下居齐桓之处，将不合诸侯而匡天下乎[3]？臣又以知陛下有所必不能矣。

—— 《汉书·贾谊传》

注释

〔1〕乘：趁着。《新书·宗首》"乘今之时"前有"用天子之力"一句。

〔2〕因：凭借，依靠。

〔3〕将不合诸侯而匡天下乎：《汉纪·前汉孝文皇帝纪》云："将能九合诸侯而一匡天下乎？"王念孙认为，"将不"当作"将能"，与下文"不能"对应。

译文

凭借天子的高位，趁着现在的时机，依靠上天的帮助，还经常担心以危为安、以乱为治。假如陛下身处齐桓公那时候的处境，还能去联合诸侯、匡正天下吗？我知道陛下一定不能那样做的。

解析

这段典文强调目前汉王朝的安定是因为时机有利，尚未从根本上实现，要尽早作为。贾谊认为，诸侯的势力过于强大，必然会与天子对抗。那么，现在为什么天下比较安定呢？这是因为大的诸侯国的侯王还没有成年，政权还掌握在汉朝安置在那里的官员手中。等到诸侯王长大了，这些官员告老还乡，诸侯王也会安插亲信，准备造反。贾谊还认识到，越是势力大的就越会首先造反，那些势力小的反而忠顺于朝廷。所以，劝告文帝对诸侯要特加警惕和防备。

汉高祖刘邦建立西汉，谨承秦制，又有所损益，最突出的表现就是实行"郡国并行制"。其最初的意图是巩固统治，结果造成了诸侯国的自主权过大，形成了严重的地方割据，为汉朝埋下了长期的祸患，景帝时期的"七国之乱"就是典型。贾谊在奏疏中就以韩信等人的反叛为例说明若不警惕当下的时局就会重蹈覆辙。他还提出了解决的方法，如"众建诸侯而少其力"，即要多建诸侯国但是要使他们的力量弱小，这样他们就不会有异心，容易被调遣。再如"割地定制"，无论是大的诸侯国还是小的诸侯国都把它们划分成若干小国，子孙按照长幼次序继承封地，一直到分完为止，子孙人人都可以做王，就没有反叛之心了。可以说，贾谊对于天子与诸侯之关系的认识非常深刻，而且提出的措施也比较合理，行之有效，奠定了汉朝应对诸侯的基本方针。景帝时期的"削藩"和武帝时期的"推恩令"都是继承了贾谊的思想。

古往今来，中央与地方的关系都是一项重要的国家议题，中国如此，西方也如此。稳定的中央地方关系，不仅关乎国家政治稳定，更关乎国家兴衰。对于现代国家而言，我们仍然可以从古今中外的历史中总结经验、汲取教训，妥善处理好中央与地方的政治经济利益关系，维护国家的长治久安。

承三患之弊，继荒顿之绪，而徒欲修旧修故，而无匡改，虽唐虞复存，无益于治乱也〔1〕。昔圣王远虑深思，患民情之难防，忧奢淫之害政，乃塞其源以绝其末，深其刑而重其罚〔2〕。夫善埋川者必杜其源，善防奸者必绝其萌〔3〕。

——《政论·阙题三》

注释

〔1〕承：与后文"继"都是承接、继续的意思。荒顿：荒废。绪：事业。唐虞：尧舜。

〔2〕民情：百姓的性情、本性。末：端兆，作"后来、末后"解亦可通。深：加重。

〔3〕埋（yīn）：与后文的"杜"都是堵塞的意思。川：河流。萌：萌芽，引申为事物的征兆。

译文

承接以前各界的三种祸患的弊病，延续将要荒废的政事，只想着把旧有的东西修修补补，却不从根本上匡正改革，即便是尧舜在世，也不能对治理乱政有什么贡献。以前圣明的君王深思远虑，担心百姓的性情难以防范，忧虑奢侈荒淫的做法有害于政事，于是堵塞它的源头以此断绝它的发生，加重刑罚来惩治奸恶。善于堵塞河流的人一定是从源头填塞，善于防范奸恶的人一定是杜绝它的萌芽。

解析

崔寔列举了当时社会的三种祸患：礼法废弛，僭越名分；轻农重商，百姓穷乏；厚葬盛行，攀比成风。奢靡之风是引起"三患"的重要原因，"三患"也是世风奢侈无度的具体表现。这种风气的产生有着内在的人性因素，崔寔称之为"人之情"："夫人之情，莫不乐富贵荣华、美服丽饰、铿锵炫耀、芬芳嘉味者也。""人之情"即人之常情，无可厚非。但若不加以理性的克制，日思夜想，滞留于心，就容易陷溺其中，众人皆如此就逐渐形成喜好奢侈的风气。崔寔看到了这一现象产生的主观因素，而将解决问题的根本方法诉诸外在的制度规范和严厉的惩罚。因为在崔寔看来，治理乱世必须严明法度，"德教"是靠不住的，所以他强调"深刑重罚"。

　　为了转乱为治、转危为安，崔寔锐意改革，认为"修旧修故"无济于事，主张做出实质性的改变。他对比了圣人和俗人的做法，认为"圣人能与世推移""达权救弊"（《阙题二》），由此大力批判俗士因循守旧、"苦不知变"（《阙题二》），"俗人拘文牵古，不达权制，奇玮所闻，简忽所见，策不见珍，计不见信"，"其顽士暗于时权，安习所见，殆不知乐成，况可与虑始乎？心闪意舛，不知所云，则苟云率由旧章而已"（《阙题一》）。归根结底，圣人治国因时制宜，所以可以革弊纳新；俗人为了保住自己一时的权位利禄，固守旧章成法，敷衍了事，对现实的情况置若罔闻，不知因时而变、因势而变的道理。跟这样的人，怎么谈论国事呢？国家都是这种官员，怎么能变革呢？江山社稷怎么能不危亡呢？

玄龄昔从我定天下〔1〕，备尝艰苦，出万死而遇一生，所以见草创之难也〔2〕。魏徵与我安天下，虑生骄逸之端，必践危亡之地，所以见守文之难也〔3〕。今草创之难既往矣，守文之难者，当思与公等慎之。

——《贞观政要·君道第一》

注释

〔1〕玄龄：房玄龄（579—648），名乔，字玄龄，齐州临淄县（今山东省淄博市临淄区）人。其人善谋，在投靠秦王李世民后成为重要的谋士之一，并参与"玄武门之变"帮助李世民登上帝位。

〔2〕草创：开始创立。

〔3〕魏徵：今作魏征（580—643），字玄成，下曲阳县人。以敢于直谏闻名，辅佐李世民开创"贞观之治"。守文：也作"守成"，保持已经创建的功业。语出《诗·大雅·凫鹥（fú yī）序》。

译文

以前房玄龄跟随我打下江山、创立帝业，尝尽了艰苦，逃出万死才保留了一线生机，所以他看到的是刚开始创立功业的难处。魏徵和我一起安定天下，担心我出现骄奢淫逸的苗头，而使国家陷入危亡的境地，所以看到的是守业的难处。现在刚开始创业的困难已经过去了，保持已经创建的事业的难处，我应当思考并与各位都需要谨慎地对待。

|解析|

　　唐太宗提出了"创业与守业"的重要命题。站在不同的立场，对这一问题的看法也会有所不同。在房玄龄看来，创业的时候要征战沙场、出生入死，异常危险，所以认为创业难。魏徵则认为创业之时都是前朝衰乱的时候，趁此推翻前朝统治就可以得到百姓的拥护，然而在得到天下之后，君王如果奢侈享乐、不顾百姓死活就会导致国家的衰亡，所以守业更难。应当看到，太宗发"帝王之业，草创与守成孰难"之问，在根本上不是要争出一个孰高孰低，而是要深刻认识到创业与守业均有其难，但凡是有创业都是因为前朝守业不成，祸乱无不起于安逸，所以最终要特别强调守业之难。隋朝和历代王朝灭亡的历史教训都表明，当国君不明白守业艰难，不能居安思危，就会导致王朝的覆灭。所以后人林之奇曾说："创业之难，虽庸人亦知其然。守成之难，虽明者亦有所忽。"可见，守业之难的道理并非常人容易明白。《贞观政要》的作者吴兢生处"开元之治"盛世，但此时唐王朝的社会矛盾已经日益激化，对此现象，吴兢借太宗与群臣的对话，以警示最高的统治者。

　　今天中国共产党人禀持"江山就是人民，人民就是江山"的执政理念，守业其实就是全心全意地为人民服务，从而永葆执政党的政治青春和生命力。

治国与养病无异也。病人觉愈，弥须将护〔1〕，若有触犯，必至殒命。治国亦然，天下稍安，尤须兢慎〔2〕，若便骄逸，必至丧败。今天下安危，系之于朕，故日慎一日，虽休勿休〔3〕。

——《贞观政要·政体第二》

注释

〔1〕弥：更加，尤其。

〔2〕兢慎：小心谨慎。

〔3〕虽休勿休：语出《尚书·吕刑》，云："虽畏勿畏，虽休勿休。"意思是即便是受到尊敬，也不要自认为可以值得尊敬；即便是遭到赞誉，也不要自认为值得赞誉。

译文

治理国家就跟养病一样。病人感觉病情有所好转了，更加需要调养呵护；如果触犯了养病的禁忌，必定会导致死亡。治理国家也是这个道理，天下稍稍安定，更加需要小心谨慎，如果骄奢淫逸，必定会导致丧乱败亡。现在天下安危，都紧紧地联系在我一人身上，所以要一天比一天更加谨慎，即便是做得很好了也不能沾沾自喜。

解析

以养病喻指国家初定之治理要求，浅显易懂、生动贴切。从道理相通的角度看，很多事情在关键时刻或当事物开始从坏的一面朝着好的一面转化的过程中，愈加不能掉以轻心，否则容易前功尽弃、功亏一篑。一个国家初生之际，必须要跟进后续的建设才能维护并巩固其刚刚获得的政权，一旦迷失自我，后果不堪设想。这实际上也是遵循了治乱的规律，乱世之后人们期待天下安定能够得到治理，有此期许就更加容易实行教化。《贞观政要》一书中类似戒除骄逸、"日甚一日，虽休勿休"的说法屡见不鲜，可见唐太宗有极其强烈的安危、忧患意识，并且时时以此自警。

在民主政治观念流行的今天，天下安危系于一人的说法已经不合时宜。但国家最高领导人在一国之兴衰存亡中的作用仍然巨大。国家最高领导人或执政党集团的核心成员保持"日慎一日，虽休勿休"的政治清醒意识，仍然具有极其重要的现实意义。"不忘本来，面向未来"，始终是一切执政者或执政集团的政治戒律。

自古帝王亦不能常化〔1〕，假令内安，必有外扰。当今远夷率服，百谷丰稔〔2〕，贼盗不作，内外安静。此非朕一人之力，实由公等共相匡辅。然安不忘危，理不忘乱，虽知今日无事，亦须思其终始。常得如此，始是可贵也〔3〕。

——《贞观政要·论慎终第四十》

注释

〔1〕化：治化，治理教化之意。

〔2〕稔：庄稼成熟。

〔3〕始：才。

译文

自古以来，帝王也经常不能实现治理教化，假设国内安定，一定会有外部的干扰。现在远方的外族都已经归服，五谷丰登，盗贼不出现，国内外都平安宁静。能够实现这种局面，不是我一人之力能够做到的，实在是依靠你们共同的匡正辅佐。然而安定后不忘记危险，治理后不忘记祸乱，即使知道现在没有坏事发生，也必须要考虑保持终始。经常能够这样，才是难能可贵啊。

解析

唐太宗把眼下的盛世局面归因为君臣共治，体现了他能够选贤任能，不居功自傲的品质。要想做到"安不忘危，理不忘乱"必须要"思其终始"，也就是要做到慎终如始、善始慎终。唐太宗经常用历史教训提醒自己不能恃安忘危，并把"思其终始"作为重要的自律原则和治国理念执行。然而，即便是像唐太宗这样的贤君明主，也很难完全做到"思其终始"。太宗也曾一度喜欢奢侈纵欲，不能做到克终俭约，魏徵因此作《十渐不克终疏》上书太宗，力陈十个"渐不克终"的表现来警示太宗。可见，知道"思其终始"的道理不难，要做到很难，始终如一地坚持下来更难。这不仅需要自我节制的能力，还需要身边人的提醒警告。如果既不能自律，又不能听取正确的意见，那么只能依靠法制进行规范。当前中国政府加强党纪国法对于广大党员干部的约束，严惩一些腐败堕落分子，在一定程度上也是居安思危，进行自我约束、自我净化，永葆生命力的表现。

第三篇

重民

「民惟邦本，本固邦宁。」人民是国家的基石和根本，只有人民安居乐业、生活幸福，国家才能安定稳固、繁荣昌盛。中国古代的民本思想既是传统中国政治思想中最光辉、最有价值的思想内容之一，也具有极强的现代意义与世界意义。欧洲文艺复兴之后，政治才开始走向「以人为本」的思想道路。传统中国的民本政治思想是中国化的人本主义的政治理性，其中所包含的爱民、安民、富民、教民、乐民、忧民等具体思想内容，在今天的世界范围内仍然具有积极意义。传统中国的民本思想与现代以人为本、人民民主等政治理念可以融通，并能补充其中所没有的中华文明的要素，因而在新的时代条件下可以焕发出新的生机与活力。

皇祖有训〔1〕：民可近，不可下〔2〕。民惟邦本，本固邦宁。

——《尚书·夏书·五子之歌》

注释

〔1〕皇祖：指大禹。皇，大也。

〔2〕下：轻视。

译文

伟大的祖先留有训诫：民可以亲近，但不可以轻视。民是国家的根本，根本牢固了国家才能安宁。

解析

《五子之歌》不见于《今文尚书》，系伪作，但却具有重要的理论价值，集中地表现在"民惟邦本，本固邦宁"一句。相传，夏启死后，他的儿子太康即位。太康虽身居君主之位，却没有履行好君主的职责，喜欢游玩享乐，不注重德行，最终导致百姓怀有二心，自己失去帝位。《五子之歌》即通过追述大禹的训诫来探求失国的原因，既表达了对太康的怨恨，也论述了为政治国之道。作者认为，民为国之根本，这是从最深层次的缘由出发加以反思。所以"民惟邦本，本固邦宁"一句放在第一首歌应当是有其道理的，它也是《五子之歌》全篇的核心意旨。此首歌也表达了鲜明的忧患意识："一人三失，怨岂在明？不见是图。予临兆民，懔乎若朽索之驾六马，为人上者，奈何不敬？"这是说，一个人会有很多过失，不要在民怨明显表现出来的时候才考虑改正，要在隐微未见之时就要有所忧虑；治民犹如用腐朽的缰绳驾驭六匹马，应当时刻保持谨慎畏惧之心。

"民惟邦本，本固邦宁"反映了中国早期的民本思想，为后世所不断继承和发扬，得到了具体的升华，时至今日也是尤为值得珍视的宝贵的思想财富。"以人为本，执政为民"的治国理念是对"民惟邦本，本固邦宁"的现代发展，强调在政治实践中要始终坚持民本思维，以人民为一切工作的导向。只有人民安定了，国家才能长久。这是自古以来都未曾更易的道理。

若升高，必自下；若陟遐，必自迩〔1〕。无轻民事，惟难；无安厥位，惟危〔2〕。慎终于始〔3〕。

——《尚书·商书·太甲下》

注释

〔1〕陟（zhì）：升，这里是行走的意思。遐：远。迩：近。

〔2〕无：通"毋"，不能。民事：民众所做的事。惟：思。厥：代词。

〔3〕于：一说"于，与也"。

译文

譬如登到高处，一定要从下面开始；譬如走到远方，一定要从近处开始。不要轻视民众所做的事，要思虑它的艰难；不要安于自己的君位，要思虑它的危险。自始至终都要谨慎小心。

解析

《太甲》三篇均属伪作。《孔传》与《书集传》对"若升高，必自下；若陟遐，必自迩"一句的解释有所不同。前者认为，这句话讲的是善政的形成有一个循序渐进的过程："言善政有渐，如登高升远必用下近为始，然后终至高远。"后者则认为是用来形容"君子之道"，与《中庸》的说法相契。《中庸》云："君子之道，辟如行远，必自迩；辟如登高，必自卑。"

《尚书》诸篇屡屡强调"敬""德"等品质，《太甲下》也不例外。作者认为"民罔常怀，怀于有仁"（百姓不会永远归顺某一位君主，只归顺有仁德的君主），所以应做到"无轻民事，惟难"；"天位艰哉"（君位难坐，因为上天和鬼神不会一直保佑一个人，只保佑对它们诚敬之人），所以应做到"无安厥位，惟危"。民事无常易，君位无常安，应当经常危惧，以保其民、以安其位。要想保住江山基业，就要做到诚敬修德和慎始慎终。实行德政，自然可以治理天下；相反，不实行德政，一定会天下大乱。国家之兴亡就在于治乱："与治同道，罔不兴；与乱同事，罔不亡。"以德治天下，态度谨慎，一如既往、贯彻始终，就可以做到"克配上帝"，永享天命了。

王曰："呜呼！小子封，恫瘝乃身，敬哉〔1〕！天畏棐忱，民情大可见，小人难保〔2〕。往尽乃心，无康好逸豫，乃其乂民〔3〕。"

——《尚书·周书·康诰》

注释

〔1〕小子：古代长辈对晚辈或年轻人的称呼。封：康叔的名字，周武王之弟，成王之叔。恫（tōng）：痛。瘝（guān）：病。

〔2〕天畏：天威。畏，通"威"。棐（fěi）：通"匪"，不也。忱（chén）：诚。小人：小民，民众。保：安定，安抚。

〔3〕康好：偏好。逸：安逸。豫：乐。乃其：于是，就。乂（yì）：治理。

译文

啊！封呀，恶政就像疾病一样缠绕在身上，要郑重、谨慎啊！天威不可信，从民情大致可以看出天威，但下层民众是很难以安抚的。你去了之后，一定要尽心尽力，不要贪图安乐享受，这样才可能管理好百姓。

解析

《康诰》是《尚书》中极为重要的一篇文章，对后世的影响也很大。对于成书时间及作者，似乎尚有争议。《书序》《左传》《史记》等都认为是成于周东征后封康叔于卫时。《书序》认为是成王之作，《史记》则认为是周公，《左传》只说"命以《康诰》，而封于殷虚"。从思想内容来看，《康诰》的核心观念就是"明德慎罚"。"明德慎罚"

是文王采取的治理原则，《康诰》以此告诫康叔在治理殷地的时候要延续这一原则。当时康叔年幼，因此叮嘱他到了殷地要向那里的长者贤人请教先殷兴亡的原因，了解治国之道，实行德政，慎重严明地使用刑罚，以此安定殷民，使其成为周朝的新臣民。

这段典文尤其强调了"敬"字，告诫康叔周朝虽已平定了武庚之乱，但若不能获得这里的民心，还会引起动乱，所以要谨慎小心，多体察民情，不要贪图安逸享乐。"敬"字屡屡出现，文章最后也说"勿替敬"。之所以如此突出"敬"，是周人清醒地认识到"惟命不于常"，要做到"明德"和"敬"，才能保有天命。康叔若能做到"明德慎罚"和"敬"，保民安民，也就可以和那里原来的殷民世代享有自己的封地。在今天看来，周人的天命观已经失去了它得以存在的土壤，但其中明德、重民的思想和忧患意识仍具有一定的参考价值。

君子所，其无逸〔1〕。先知稼穑之艰难，乃逸，则知小人之依〔2〕。相小人，厥父母勤劳稼穑，厥子乃不知稼穑之艰难，乃逸乃谚〔3〕。

——《尚书·周书·无逸》

注释

〔1〕君子所，其无逸：郑玄认为"君子处位为政，其自无逸豫也"。所，犹处，所处的位置，指所居之官。无，通"毋"，不可。逸，安逸、安乐。

〔2〕稼穑（sè）：耕种与收获，泛指农事。小人之依：王引之《经义述闻》："依，隐也，谓知小人之隐也。《周语》'勤恤民隐'，韦注曰：'隐，痛也。'小人之隐，即上文'稼穑之艰难'，下文所谓'小人之劳'也。云隐者，犹今人言苦衷也。"小人，指从事农业生产劳动的民众。

〔3〕相：犹视，看。厥：代词，其，指小人。乃：竟。谚：同"喭"（yàn），粗鲁。

译文

君子居于官位不应该贪图安逸。首先要了解农事的艰难，然后才可以逸豫，这样就理解了从事农业生产民众的艰难之处。看看这些民众，他们的父母勤劳辛苦地从事农业，他们的孩子却不知道农事的艰难，于是就贪图享乐、行为粗鲁。

161

解析

　　周公还政成王以后，担心成王贪图安逸享乐，治理有所偏失，所以作《无逸》以诫成王。《无逸》的主旨非常明确，即"君子所，其无逸"，亦如其题。由于此篇文字简洁易懂，与《召诰》《洛诰》等篇有很大的区别，所以有学者怀疑此篇晚出。

　　殷鉴不远，周公以殷朝几位君主的事例劝解成王：殷王中宗心存敬畏，治理民众丝毫不敢懈怠，因此在位七十五年；高宗做太子的时候，其父让其久居民间，关爱民众，即位之后不敢荒废政事，从下到上都拥护他，所以在位五十九年；帝甲也是久居人间，知民之苦，在位三十三年。再看周朝，周文王虽然中年才即君位，但是在位五十年，这是因为遵循了太王、王季的事业，不敢沉湎游乐，关心农业生产，勤勉治国。相反，殷朝帝甲以后的君主都不知稼穑艰难，追求享乐，结果在位的时间都不长久。

　　古代中国，农业为立国之基，重视农业生产，民众甚至国家才能够安定，即所谓农为邦本、民为邦本。周公认为，一个贤明的君主也必须要"知稼穑之艰难"，具有体恤民众的优秀品质，这也是"无逸"的关键所在。此篇深刻反映了周公居安思危的思想和以民为本思想，对后世影响深远。如《颜氏家训》说："古人欲知稼穑之艰难，斯盖贵谷务本之道也。"

无念尔祖，聿修厥德〔1〕。永言配命，自求多福。殷之未丧师，克配上帝〔2〕。宜鉴于殷，骏命不易〔3〕。

——《诗经·大雅·文王》

注释

〔1〕无：语助词，无实义。聿：语助词，用在句首或句中，无实义。《毛传》训"聿"为"述"。厥：其。

〔2〕师：众人。

〔3〕骏命：大命，即天命。骏，大也。

译文

牢牢记住自己的祖先美德，追述并且保持住祖德。要长久地顺应天命，靠自己的行动去求得更多得幸福。殷商王朝在没有失去民心的时候，是能够顺天命治理国家。应当借鉴殷王朝灭亡的教训，保持天命并不容易。

解析

《文王》为《大雅》的首篇，一般认为是周公旦之作。周文王是周朝的奠基者，他勤于政事、建立制度、重视农业、任用贤能，能做到居安思危，不耽迷享乐，被视为人君的典范，为周人和后世所推崇。歌颂周文王是《诗经》的重要主题之一，《文王》就是追述和歌颂了文王的事迹，认为周国以旧邦承受新的天命，在文王的勤勉治理下，周国兴盛强大，最后使得殷商臣服于周。文王的功绩如此之大，自然值得而且应当被歌颂并且流传于后世。

　　《文王》虽是颂诗，但其根本的目的在于对当下的现实发出警戒之声。朱熹认为："周人追述文王之德，明国家所以受命而代殷者，皆由于此，以戒成王。"（《诗集传》）周人打破了"君权神授"、天命不可更易的政治观念，提出"天命靡常"，认为只有有德性的人才能够被上天选来当统治者，文王就是凭此以周代殷的。既然天命可易，那么就要敬天修德，以此保持天命，主动权掌握在统治者自己手中。"殷之未丧师，克配上帝"既是对殷商灭亡原因的总结，也是在告诫周人如果不能敬畏天命、修养德性，失去了民心，将来的命运跟殷商差不了多少。因此，要以殷商为鉴，又要效法文王，如此才不至于让王朝断送在自己的手上。《文王》篇既是周公用来诫勉成王，也是告诫周王朝后来的统治者，其艺术手法和政治思想对后世均产生了深刻的影响。

天之所覆，地之所载，日月之所照，形殊性异，各有安乐。乐所以为乐者，乃所以为悲也〔1〕；安所以为安者，乃所以为危也。故圣人之牧民也，使各便其性，安其居，处其宜，为其所能，周其所适，施其所宜〔2〕。如此即万物一齐，无由相过〔3〕。

——《文子·自然》

注释

〔1〕所以：表原因，事物成其为现实样子的根本原因。

〔2〕牧民：治民，以畜牧比喻养民。便：顺利。周：全，合。

〔3〕齐：齐同。过：祸也，灾祸。

译文

上天所覆盖的、大地所承载的、日月所照耀的万物，在外形和本性上都有所不同，各自有各自的安乐。乐有其成为乐的原因，（对于另一事物而言）它可能是成为悲的原因；安定有其安定的原因，（对于另一事物而言）它可能是成为危险的原因。所以圣人治理民众，使他们顺从自己的本性，安定地居住，身处适宜的地方，做他们能力可以达到的事，周全他们所适应的，施加让他们舒服的政策。如此一来，万物齐同，没有相互祸害的理由。

解析

这段典文强调"万物一齐"的理想状态。作者认为，"形殊性异"是"自然"之事，"万物一齐"并非是说万物等同、毫无差别，而是"齐于道"，道即自然，也就是要尊重事物的本性，使事物顺从

165

其固有的自然之性发展。如此，才是合乎"自然"之理的做法。如果不能顺其自然，就会出现乐转化为悲、安转化为危的情形。这是因为人们往往以己度物，违背事物自身的本性而酿成灾祸。王利器《文子疏义》云："以己乐乐之则悲，因其乐乐之即乐。以己安安之则危，因其生而安之则安也。"此理甚明。从认识论的角度来看，只有尊重事物的殊性、包容多样性，和而不同、求同存异，才能够实现"万物并育而不相害，道并行而不相悖"（《中庸·第三十章》）。从政治论的角度来看，治理国家要采取"各便其性"的原则，统治者可以充分施展自己的政治才干，百姓也能根据自身的特点和实际情况发挥技能，整个社会各有其分、各尽其能、各安其业、各乐其居，井然有序，可以达到天下太平。《淮南子》的《齐俗训》正是借鉴、继承了《自然》的思想，主张理解和尊重礼俗在时间和地域上存在的差异，避免用一种标准毫不变通地去评判另一事物，也就是我们常说的要"入乡随俗"。

"各便其性""万物一齐"的认识思想和政治思想具有深刻的历史意义和现实意义。就当时而言，它表现出了道家对于专制制度压抑、扭曲人的自然之性的批判，极力反对专制统治对人的异化，并由此引导出了理想的施政方略和治国思想。在今天看来，这些观点对于多元文明的交流互鉴、人类命运共同体的构建等等均有积极意义。

上之为政〔1〕，得下之情则治〔2〕，不得下之情则乱。

——《墨子·尚同》

注释

〔1〕上：在上位者，指统治者。

〔2〕下之情：下面的实情，即民情。下，被统治者，指民众。

译文

在上位者施政，能够了解下面的实情国家就可以得到治理，不了解下面的实情国家就会混乱。

解析

"尚同"是墨子政治思想的重要方面。墨子认为，"尚同"乃政之本、治之要，"以尚同为政"，则"天下治"。《尚同》篇中也包含了一些民本思想，这段典文所强调的考察民情对于政治治乱的意义就是一个重要的体现。执政者决策、施政首先要做到知民，也就是要了解人民。墨子在这里所说的"得下之情"主要是考察人民行为的善恶是非，以此作为判别赏罚的基础，使得赏罚分明、合宜，进而实现国家的治理。从今天来看，广义上的"得下之情"应当是以充分的调查研究为前提，全面地体察民情、了解民意，考虑到人民生存和发展需要的方方面面。这就要求广大干部能够深入基层，密切联系群众，通过调研用事实说话。

在任何一个时代、一个国家，民情、民意都是社会治理中不容忽视的考量因素。但是，民意并不总是完全正确的，也就是说民意中会不可避免地蕴含非理性因素甚至可能是完全以非理性的形式表现出来。所以执政者要具备一定的政治理性，应当做到在考察民情的基础上做到尊重民意，但是不能夸大民意，盲目地完全顺从民意。

民有三患：饥者不得食，寒者不得衣，劳者不得息，三者民之巨患也。然即当为之撞巨钟、击鸣鼓、弹琴瑟、吹竽笙而扬干戚〔1〕，民衣食之财将安可得乎〔2〕？即我以为未必然也〔3〕。

——《墨子·非乐上》

注释

〔1〕然即：然则，王引之认为"即"与"则"同。当：孙诒让认为"当""尝"字通。尝，试也。扬：举。干：盾。戚：斧钺。

〔2〕安：犹于是（王引之）。

〔3〕即：则。

译文

百姓有三种忧患：饥饿的人得不到食物，寒冷的人得不到衣服，劳累的人得不到休息，这三件事是百姓的巨大忧患。那么为百姓撞击巨钟、击打鸣鼓、弹奏琴瑟、吹奏竽笙，举起盾牌、挥舞斧钺，百姓所需要的衣食等财物就由此能够得到吗？我认为这是不可能的。

解析

这段典文表达了墨子"非乐"、重视民生的思想。《淮南子·要略》说："墨子学儒者之业，受孔子之术。"墨子曾修习儒家思想，后来自成一派，创立墨学，一度与儒学并称显学。儒、墨两家的思想主张在诸多方面是对立的，对待礼乐的态度就是重要表现之一。身处礼崩乐坏的时代，孔子以复兴周礼为一生之志；而墨子出身低贱，更加关注社会中下层百姓的生活，为贫苦大众而奔走呼号。在墨子看来，仁者的事业是要"兴天下之利，除天下之害"，其要在于解决百姓的"三患"。墨子认为，制作乐器就要征税，这对百姓是不利的；而且君主还有可能会沉迷音乐耽误理政，对于国家也是有害的。虽然墨子的认识有所偏颇，但是他从小生产者、小手工业者的利益出发，强调要重视和解决民生问题，这一理念在今天也有深刻意义。

治国在于安民，安民在于察百姓之疾苦。自古以来，民生问题就是国之根本。今天我们所讲的民生已经远远超出了"三患"的范畴，发展和突出表现为"七有"（幼有所育、学有所教、劳有所得、病有所医、老有所养、住有所居、弱有所扶）、"三感"（获得感、幸福感、安全感）、"六面"（教育、就业、收入、社保、医疗卫生、食品安全）。在实现中华民族伟大复兴的历史进程中，民生问题是带动全局的问题，要牢记"民生是最大的政治"，为人民谋利、为人民解忧，更好地满足人民群众对美好生活的向往。这不仅是遵循马克思主义历史唯物主义的集中表现，也是改革开放的根本目的和归宿。

人不得，则非其上矣〔1〕。不得而非其上者，非也〔2〕；为民上而不与民同乐者，亦非也。乐民之乐者，民亦乐其乐；忧民之忧者，民亦忧其忧。乐以天下，忧以天下，然而不王者，未之有也。

——《孟子·梁惠王下》

注释

〔1〕人不得，则非其上矣：依上下文，此句意谓普通百姓得不到住在离宫的快乐，就会埋怨他们的君主。当时齐宣王在自己的离宫接见孟子，并问道："贤者也会有这种快乐吗？"故孟子回答的"人不得"的快乐指的是居住在离宫之乐。而下文的君主之乐亦是指此具体之乐。非，非议、埋怨。上，指君主、统治者。

〔2〕非：第一个"非"同前文的"非"，为动词；第二个"非"为名词，不对、错误。

译文

普通百姓享受不到君主的这种快乐，就会埋怨他们的君主。得不到就埋怨君主，这种做法是不对的。作为一国之主，位居百姓之上，却不与百姓一同享受快乐，这种做法也是不对的。把百姓的快乐当作自己的快乐的人，百姓也会把他的快乐当作自己的快乐；把百姓的忧愁当作自己的忧愁的人，百姓也会把他的忧愁当作自己的忧愁。以天下之百姓的快乐为快乐，以天下之百姓的忧愁为忧愁，这样的君王还不能成为天下人之王，这是从来没有的事情。

│解析│

　　齐宣王非常喜欢音乐，孟子曾就此与宣王对话，向他阐明了"独乐乐不如众乐乐"的道理，易言之就是"与民同乐"。孟子在这里规劝齐宣王不仅要与民同乐，还要与民同忧，体现了儒家推己及人的一贯主张和孟子"与民同之"的民本思想。在君民关系上，孟子主张"民贵君轻"，强调人民是诸侯国的政治基础。在孟子看来，君主的地位虽高，但是不能追求和满足于个人的快乐和享受，而要与百姓分享。能否做到与民同乐、同忧，是诸侯国政治人心向背的大问题。诸侯王若能做到与民同乐、同忧，就能够得到百姓的拥护，进而实现统一天下的伟大目标。事实上，相较于"与民同乐"，"与民同忧"的浅表语义，它主要是检验君主能否真正关心百姓需求，真正做到以民为本的政治理念。因此，与民同忧乐实际上蕴含深刻的忧患意识。宋儒范仲淹提出"先天下之忧而忧，后天下之乐而乐"的士人情怀，可以说是孟子思想在新的历史下的积极回应。

仁言不如仁声之入人深也〔1〕，善政不如善教之得民也〔2〕。善政，民畏之；善教，民爱之。善政得民财，善教得民心。

——《孟子·尽心上》

注释

〔1〕声：音乐。

〔2〕善：形容词，好的。

译文

仁德的语言不如仁德的音乐更加深入人心，好的政治不如好的教育能够得到民心。推行好的政治，百姓敬畏它；实行好的教育，百姓爱戴他。好的政治能够得到百姓的财富，好的教育则能够得到百姓的真心。

解析

这段典文强调教化百姓的重要性，可以视为对《离娄上》"得民心有道"的进一步补充。孟子在《离娄上》提出了"得天下有道，得其民，斯得天下矣"的命题。那么，如何得民呢？在于"得其心"。如何得民心呢？在于"所欲与之聚之，所恶勿施"。《尽心上》的这段话把"得其心"之道具体化为"善教"。教化百姓是孟子民本思想的一个重要维度，得民财只是为政之表，只有得民心才是为政之里，而后者依赖于良好的教育。孟子认为，"不教民而用之，谓之殃民"（《告子下》）。这无疑是继承了孔子"以不教民战，是谓弃之"（《论语·子路》）的思想。这个"教民"究竟是指什么呢？从《告子下》和《尽心上》可以看出，即教民以仁义。这种思想倾向又可以在孔子那里看到端倪，即孔子所谓"道之以德，齐之以礼"。

教化百姓的思想站在了以愚民来实现御民这种统治观念的对立面，起到了拨乱反正的作用，也是中华文明自古重视教育的重要体现。在今天，对这一传统思想进行现代转化十分有必要。以现代公民的基本素质为标准，教化人民不局限于道德方面，而是整体地、全方位地教育。

且丘闻之："君者，舟也；庶人者〔1〕，水也。水则载舟，水则覆舟〔2〕。"君以此思危，则危将焉而不至矣？

——《荀子·哀公》

注释

〔1〕庶人：百姓。

〔2〕则：《孔子家语·五仪解》二"则"字并作"所以"。则，能。

译文

况且我孔丘曾听说过："国君就好比是船，百姓就好比是水。水能载船，也能翻船。"您如果从这个角度来思考危险，那么危险又怎么可能不到来呢？

解析

"君者，舟也；庶人者，水也。水则载舟，水则覆舟"为《荀子》一书中的经典名句，后人将其概括为"君舟民水"，生动形象地揭示了古典政治格局下君主和百姓之间的关系，是对儒家民本思想的继承与发展，体现了儒家重民爱民的一贯主张。

这段话是孔子对于鲁哀公"未尝知危"问题的回答，他从君民关系的角度劝诫哀公要重视人民，关心百姓疾苦，不要激化君民之间的矛盾，否则政权就有可能被推翻。在《王制》篇中，君民关系不仅是舟和水的关系，荀子还将"庶人骇政"比喻为"马骇舆"。马拉车的时候受到惊吓，君子就不能安稳地坐在车中；百姓在政治上受到惊吓，君主也就不能在安坐其位。如果说在《哀公》篇中，孔子只是以"君舟民水"为喻，让哀公产生危机感。那么，在《王制》篇中，荀子再借用"马骇舆"之喻以彰显"君舟民水"之喻的意义，提出了安定政治、消除危机的具体做法。荀子认为，要想让百姓安于政治，就要做到"选贤良、举笃敬、兴孝弟、收孤寡、补贫穷"；君主要想安于其位，就要做到"平政爱民""隆礼敬士""尚贤使能"，这三条措施与前面的五种做法具有一定的对应关系。荀子强调，君主要安其位必须要建立在庶人安其政的基础上，所以君主的治国策略归根到底是安抚百姓。但是，这是否意味着百姓是国家的主人呢？显然不是。君主和百姓之间的关系是统治与被统治的关系，荀子对此并不掩饰。在古典政治生活中，这种关系被视理所当然的政治伦理。但在传统的社会之中，"君舟民水"之喻所揭示的辩证政治伦理思想，对于减轻民众的生活压力，仍然具有积极意义。

政之所兴〔1〕，在顺民心。政之所废，在逆民心。民恶忧劳，我佚乐之〔2〕；民恶贫贱，我富贵之；民恶危坠〔3〕，我存安之。民恶灭绝，我生育之。

——《管子·牧民》

注释

〔1〕兴：有的版本作"行"。

〔2〕佚乐：悠闲安乐。佚，同"逸"。

〔3〕危坠：犹危亡。

译文

政令之所以能够推行，在于顺应民心；政令之所以废弛，在于违逆民心。百姓厌恶忧患劳苦，我就要使他们安逸快乐；百姓厌恶贫穷低贱，我就要使他们富裕高贵；百姓厌恶危险死亡，我就要使他们安定长寿；百姓厌恶断子绝孙，我就要使他们生育繁衍。

解析

这段典文论述合乎"民心"是政令能否得以推行、政治兴衰成败的关键所在。忧劳、贫贱、危坠、灭绝是百姓厌恶的四件事情，执政者要从这四个方面着手去消除百姓的忧虑，使其过上自己期望的生活，即佚乐、富贵、存安、生育。在作者看来，杀戮和刑罚都不能使人心服，只有做到顺从百姓之所需，才能够赢得民心，远方的人也会来亲近。相反，如果推行百姓所厌恶的，亲近的人也会背叛。当然，从百姓之需既是安定民心的方法，也是为了从中有所得：能使百姓安逸快乐，他们就肯为我忧愁劳苦；能使百姓富贵，他们就肯为我忍受贫贱；能使百姓安定，他们就肯为我承担危险；能使百姓生育繁衍，他们就肯为我牺牲灭绝。这就是"予之为取"的道理，也是推行政治的法宝。

《管子》之前，有老子的"圣人无常心，以百姓心为心"的早期民本思想，《管子》之后有孟子的民本思想："得天下有道，得其民，斯得天下矣。得其民有道，得其心，斯得民矣。得其心有道，所欲与之聚之，所恶勿施尔也。"（《孟子·离娄上》）这就表明，先秦时期，民本政治思想具有一个隐而可见的思想传统。在今天，"民心"仍然是任何政权的基础和根本。人心向背关乎执政党和一个国家的生死存亡。"从群众中来，到群众中去"是中国共产党的优良传统，要继续坚持和发扬这一传统，始终把人民放在最高的位置，始终与人民心连心、同呼吸、共命运，始终依靠人民推动历史前进。此外，我们还应当注意，"予之为取"的传统民本执政理念具有一定的历史局限，它主要体现出了民心服务于君权的倾向，与今天以人民为中心的政治理念有相当大的差异。

夫霸王之所始也〔1〕，以人为本。本治则国固〔2〕，本乱则国危。

——《管子·霸言》

注释

〔1〕霸王：霸业和王业，"丰国之谓霸，兼正之国之谓王"。始：开始，资始。

〔2〕治：一作"理"。

译文

霸业和王业的基础，是以人民为根本。把根本治理好了，国家就会得到巩固；根本混乱了，国家就会危亡。

解析

《霸言》中明确提出了"以人为本"的理念，从词源学的角度来看，一般认为这是"以人为本"最早的出处。它进一步将"齐国百姓，公之本也"（《霸形》）的思想上升到一般意义。管仲的经济、政治、伦理思想等都是围绕这一原则而展开的，一定程度上肯定了人民在国家中的角色和地位，以及人作为人自身固有的尊严和权利，具有一定的进步意义。

中国传统文化中具有丰厚的民本思想资源，从中可以提炼出许多命题，"以人为本"是其中极富代表性的表述。这也是管仲在继承已有的民本思想的基础上进行的创新性发展，被后世不断沿用。如"夫济大事，必以人为本"（《三国志》），"国以人为本，人以衣食为本"（《贞观政要·务农》），"夫国以人为本，人安则国安。故忧国之主，务求理人之材"（《亢仓子·君道》，唐人所作伪书），如此等等。可见，"以人为本"的思想得到了历代统治者和思想家的认同，也是中华政治文化中的优秀传统与精华。现代版"以人为本"的理念虽然在表述上与古人无异，实质内涵却有巨大的差别，它是基于人人平等的现代观念基础之上"以人民中心"的人本政治思想。今天，我们要在进一步挖掘、总结和转化中国传统文化中的民本思想的基础上，将"以人为本"的政治理论落实在社会生活的方方面面。

治国常富〔1〕，而乱国常贫。是以善为国者〔2〕，必先富民，然后治之。

——《管子·治国》

注释

〔1〕治国：秩序良好的国家。

〔2〕为国者：治理国家的人。为，治也。

译文

秩序良好的国家往往是富裕的，而秩序混乱的国家往往是贫穷的。所以善于治理国家的人，一定要先使百姓富裕起来，然后再加以治理。

解析

这段典文体现了管子"富民"的思想主张。"富民"是管子治国思想中的重要原则之一："凡治国之道，必先富民。"管子认为，民富则易治，民贫则难治。对此，他认为：百姓富裕就会安居乡里、重视家园，"安乡重家"就会恭敬君主、畏惧刑罪，"敬上畏罪"也就不敢胡作非为，就容易治理了。管子还从反面指出：百姓贫穷就不安居乡里而轻视家园，"危乡轻家"就会凌驾于上面而触犯禁忌，因此而难于治理。管子由此得出"治国常富，而乱国常贫"的结论。

那么，如何做到"富民"呢？管子的答案是"重农"。在管子看来，以前的君王法制不一、号令不同，但是都可以称王天下，原因就是在"国富而粟多",因此要特别重视农业的发展。管子提出"众民、强兵、广地、富国"都依赖于粮食,粟为"民之所归""财之所归""地之所归";粮食缺少则人贫、轻家、易去、令不能行、禁不能止、战不能胜、守不能固。由是观之,粮食农业关系国家安危存亡,是"王之本事""人主之大务""有人之途""治国之道"。

《治国》集中而鲜明地表达了管子的政治经济思想,尤其是重农富民的观点。在管子的思想中,重农、富民、治国三者之间有着内在的逻辑关系,环环相扣。时至今日,管子的这篇文章对于农业发展、保证百姓的基本粮食需求,进而保证国家的安全,仍然具有重要的借鉴意义和参考价值。

文王兴而民好善，幽、厉兴而民好暴，非性之殊，风俗使然也。故商、周之所以昌，桀、纣之所以亡也，汤、武非得伯夷之民以治〔1〕，桀、纣非得跖、蹻之民以乱也〔2〕，故治乱不在于民。

——《盐铁论·大论》

注释

〔1〕伯夷：尧舜时人，非"伯夷叔齐"之"伯夷"。

〔2〕跖（zhí）、蹻（qiāo）：指盗跖和庄蹻，相传为大盗。

译文

周文王兴起而民众喜好善良，周幽王、厉王兴起而民众喜欢暴虐，这不是民众的人性不同，而是社会风俗使他们变成这样。因此，商和周之所以昌盛，桀和纣之所以败亡，汤武并非是因为得到了像伯夷这样的人才得到治理，桀纣也不是因为像盗跖和庄蹻这样的人存在而混乱，所以治理和混乱不在于民众。

解析

治乱不在民而在风俗，主张移风易俗、教化百姓。这里的"民"主要是从人性的意义上来讲。先秦时期的思想家对人性曾进行过激烈地争论，《孟子·告子上》记载了当时存在的四种人性论：一是告子的"性无善无不善"，二是"性可以为善，可以为不善"（一般认为这是世硕的观点），三是"有性善，有性不善"，四是孟子的"性善"。联系这段典文，从"文王兴而民好善，幽、厉兴而民好暴"

一句可以看出，第二种观点是作者立论的人性前提（《告子上》的原话是"性可以为善，可以为不善。是故文武兴，则民好善；幽厉兴，则民好暴"）。这一人性主张的核心在于"为"，也就是着重从后天的角度而不是先天因素来认识和讨论人性。文学之士由此认为这种后天的因子就是风俗，所以变化风俗、教化人民是治理国家的重要手段，实际上是在提倡以礼治国。

事有本末，设礼修文、移风易俗是"治其本"，而采任刑罚、运用法令则是"事其末"。何谓"治其本"呢？其实就是"从事于未然"使"乱原无由生"，"治未形，睹未萌"。事实上，在此篇中，大夫和文学之士的争论各有其道理，文学之士并非完全不认同大夫所说的治国之道因时而变的观点。文学之士的辩词似乎说明，在他看来，礼义治国是万世不易之法，而且是居于根本地位。

夫诸侯者，士民皆爱之〔1〕，则其国必兴矣；士民皆苦之，则国必亡矣。故夫士民者，国家之所树而诸侯之本也〔2〕，不可轻也。呜呼！轻本不祥，实为身殃。戒之哉！戒之哉！

——《新书·大政》

注释

〔1〕士民：中国古代有四民，分别为士、农、工、商。据《大政》的论旨，这里的"士民"不单指"士"，而是广泛意义上的民众。

〔2〕树：树立，即"本"。

译文

身为诸侯的人，民众都爱戴他，那么他的国家就一定会兴旺；民众都因其受苦，那么国家一定会灭亡。所以，民众是国家之所以树立而诸侯以为根本的，不可以轻视。哎呀！轻视根本就是不祥的预兆，实在是殃祸。以此为戒啊！以此为戒！

解析

大政，顾名思义，即重大的政事。《大政》的核心在于阐扬儒家的民本思想，强调民为政本。开篇便以排比的句式指出"闻之于政也，民无不为本也""闻之于政也，民无不为功也""闻之于政也，民无不为力也"，并从国、君、吏三个层次分别加以有力的论证。在国家的层面，得出了国家之安危、存亡、兴坏均系于民的结论。这段典文所说的"士民皆爱之，则其国必兴矣；士民皆苦之，则国必亡矣"其实是再次重申主旨。贾谊认为，"夫民者，万世之本也"，就是说以民为政本、以民为国本，是不随时空的变化而变化、万世不易的。所以，执政者不能轻视欺侮人民，否则就有殃祸危及自身和国家。执政者和民众的关系是相互的，君子之贵、富不是天生就这样，而是因为士民贵之、乐之；相应的，君子贵、富要与民以富、财，所以士民又贵之、乐之。在君、吏、民的关系上，贾谊主张君要做好榜样和示范作用，逐级影响，君善则吏善，吏善则民善；民不善即吏之过，吏之过即君之过。

归根结底，国家之兴亡在于民，执政者要做到乐民、富民、畏民、化民等。明君治理天下，民众都很快乐，这样的君主在位百年而去世，民众也会认为这太快了，这是因为执政者与民众同心同德，国家长盛不衰。昏君治理天下，民众都很受苦，这样的君主即使仅在位数十年，民众也会觉得太久了。这是因为执政者与民众离心离德，如果不及时纠错，可能要面临危亡之难。用今天的话说，就是要始终与人民同呼吸、共命运、心连心，如此才能保证政权稳固、国家昌盛。

天下国家一体也，君为元首，臣为股肱，民为手足。下有忧民，则上不尽乐；下有饥民，则上不备膳；下有寒民，则上不具服。徒跣而垂旒〔1〕，非礼也。故足寒伤心，民寒伤国。

——《申鉴·政体第一》

注释

〔1〕跣（xiǎn）：赤脚，光着脚。旒（liú）：古代帝王礼帽前后悬垂的玉串。

译文

天下人是与国家一体的，君主就好像是一个人的头部，大臣就好像是一个人的大腿和胳膊，百姓就好像是一个人的手足。下面有处在忧患的百姓，那么在上位的人就不能纵情享乐；下面有遭受饥饿的百姓，那么在上位的人就不能享用完备的膳食；下面有受冻的百姓，那么在上位的人就不能具备华贵的服饰。光着脚，礼冠还有垂下来的玉串，这不符合礼的准则。所以脚受寒会伤害到心，民受寒会伤害到国家。

解析

这段典文从"天下国家一体"的角度阐述重民忧民的思想。古人常以元首比喻君主，以股肱来比喻臣子，以此来说明君臣之关系。荀悦在此基础上予以丰富和发展，以手足比喻百姓，虽有元首作为指挥，若无手足则不能很好地行动，如此一来，"一体"的意味更加完整和强烈。既然君主、大臣与百姓为一体，那么君臣就要做到体察民情，关心百姓疾苦，不能在百姓受饥寒的时候，自己却在享受美食华服。荀悦还有"爱民如身"的说法，可以与这段典文的"一体"思想相互呼应。"足寒伤心，民寒伤国"一句是典文之中心。它以类比的方式极其生动形象地说明了百姓是一个国家的基石，无视百姓而使其生活于水火之中，一定会伤害和动摇国家的根本。这也是荀悦所说的"民存则社稷存，民亡则社稷亡"(《申鉴·杂言上》)。

囿于历史的局限，中国古代的民本思想有为君本服务的倾向（手足服务于元首），但其中以民为国本的理念在今天无疑是有合理价值的。按照今天中国政治的逻辑和归宿，人民就是最终的目的，而不是工具或手段。中国乃至世界各国之所以要不遗余力地解决贫困问题，保障民生，使人民过上更好的物质生活和精神生活，其根源即在于民为国本。

大治之后有易乱之民者，安宁无故，邪心起也。大乱之后有易治之势者，创艾祸灾〔1〕，乐生全也〔2〕。

——《昌言·阙题一》

注释

〔1〕创艾（yì）：因受惩治而畏惧；戒惧。

〔2〕生全：保全生命。

译文

天下长期安定以后有容易作乱的百姓，这是因为享受太平无事日久，生起了邪恶的念头。天下大乱以后有容易治理的形势，这是因为人们害怕受到惩罚和灾祸，以保全生命为基本的乐事。

解析

这段典文论述乱生于治、治生于乱的政治治乱循环的道理。这里所说的"乱生于治"不是说由王朝的第二阶段发展到第三阶段，而是指出即便是在第二阶段，王朝内外不可能一点儿混乱也没有，只不过都是在可控范围内、没有产生严重影响而已，但是也不能因此而不居安思危。另外，人们经历了祸乱痛苦之后，害怕这些灾难重来，所以谋求保全自身，就容易教化治理。唐太宗即位初期，也曾跟大臣们讨论过教化的问题。《资治通鉴》记载，唐太宗说："今承大乱之后，恐斯民未易化也。"魏征回答说："不然。久安之民骄佚，骄佚则难教；经乱之民愁苦，愁苦则易化。譬犹饥者易为食，渴者易为饮也。"把"大乱之后有易治之势者"的情况比喻为"犹饥者易为食，渴者易为饮"，生动形象、浅显易懂。魏征阐发的道理跟仲长统在根本上没有区别。

仲长统认为，德教是"人君之常任"，刑罚是辅助德教的手段。但这并不是不可更易的，要因时势而变：改朝换代的时候，要兴兵讨伐；作乱成群的时候，要严峻刑罚。然而，对于这两者，仲长统更加倾向德教。在他看来，无论天下大治还是大乱，任用酷吏都容易惹起是非祸乱。崇尚和坚持仁义，实行德教，虽然见效慢但一定会把国家治理好。要做到这一点，人君就要以身作则，起到表率作用，上行下效。用今天的话来说，一个社会的主要执政者、精英就是要发挥先锋模范和带头作用。否则，一个社会就不容易守住长治久安的局面。

道之以德教者，德教洽而民气乐〔1〕；殴之以法令者，法令极而民风哀〔2〕。哀乐之感，祸福之应也〔3〕。

——《汉书·贾谊传》

▎注释▎

〔1〕道：导也，引导。洽：周遍。民气：民风。

〔2〕殴：打击，这里是惩罚的意思。

〔3〕应：印证。

▎译文▎

用道德教化引导百姓，德教普遍地惠及百姓，民风就会和乐；用法令惩罚百姓，法令运用到极点，民风就会让人悲哀。哀伤和快乐的感受，是祸福的印证。

▎解析▎

孔子说："道之以政，齐之以刑，民免而无耻。道之以德，齐之以礼，有耻且格。"（《论语·为政》）用政令法教来引导百姓，用刑罚来整顿百姓，百姓只是免于罪过，但没有廉耻心；用道德引导百姓，用礼教整顿百姓，百姓不仅有廉耻之心还会有归服之心。在孔子看来，采取"德"与"礼"的方法治理国家，百姓会因受到教化而不触犯法律、不违背礼制，并且拥护统治者，即"为政以德，譬如北辰，居其所而众星共之"（《为政》）。这样的治理成效显然要优于"政"与"刑"的手段。贾谊继承了孔子的政治思想，主张广布德教，反对极端刑罚。贾谊打了一个简单的比喻，认为国家政权

191

就跟器物一样，关键看怎么放："今人之置器，置诸安处则安，置诸危处则危。"换言之，天下是否能够得到治理关键在于天子运用什么样的方法。汤武置天下于仁义礼乐中，所以政权维持长久；秦朝置天下于法令之下，招致祸患，危及自身。贾谊认为，从这些事例中就可以明白，现在有些人说礼义不如法令、教化不如刑罚，这都是极为荒唐、置天下于危亡的言论！

民风是了解社会是否安定、国家大政方针是否合理的窗口，也是祸福安危的征兆。这就要求执政者要充分体察民情、观察人民的反应，了解人民的亲身感受，把民意作为制定政策的基础和实施、评价政策的重要标准之一。

三代之君〔1〕，与天下共其民，故天下同其忧。秦王独制其民，故倾危而莫救。夫与民共其乐者，人必忧其忧；与民同其安者，人必拯其危。

——《三国志·魏书》

注释

〔1〕三代：夏、商、周。

译文

　　夏商周三代的君主，与天下共同治理他的百姓，所以天下能够与他共同忧虑。秦王独断，专制他的百姓，所以面临倾覆危险的时候也没有人就救助。与百姓共同享乐的人，百姓一定会忧虑他所忧虑的事；与百姓共同安定的人，百姓也一定会在他处境危险的时候拯救他。

解析

　　这段典文出自三国时期曹冏的《六代论》，所谓"六代"即指夏、殷、周、秦、汉、魏。这篇文章的核心主旨是在总结六代治理得失、政治成败之经验教训的基础上论证分封之利，这一观点虽然遭到后世思想家（如柳宗元的《封建论》）的驳斥，但其中也蕴含了一些宝贵的忧患思想与重民思想。从忧患意识上来看，《六代论》的写作目的是要劝告当时年幼的魏帝曹芳多重用曹氏宗室之人，避免曹氏政权落入外姓手中。曹冏认为，先代圣王"安而不逸，以虑危也；存而设备，以惧亡也"，故实行分封以巩固统治，从根本上达到"疾风卒至，而无摧拔之忧；天下有变，而无倾危之患"的政治目的。而魏帝也应该效仿三代，推行分封以稳定和维系曹氏政治。对百姓的重视则是曹冏立论的重要理由，他认为"树犹亲戚，土犹士民"，并以"秦二世而亡"的历史说明"独治之不能久""独守之不能固"，由此应当实行"共治""共守"，此乃"夏、殷、周历世数十"的根本原因。所以一个国家要想长久地维持下去，一定要做到与民共乐、与民同安，如是百姓才能与执政者共患难、同进退。

就当时而言，曹冏的具体政治主张虽然并不一定正确，但里面也有一些积极的因素。如批判独制（专制）、从执政者与人民的关系上阐述政治思想，实际上是将先秦时期的民本思想应用于曹魏所处的特殊处境之中。由此也能看出，中国古代的民本思想具有普遍和永恒的意义。

灭六国者六国也，非秦也；族秦者秦也〔1〕，非天下也。

——《阿房宫赋》

注释

〔1〕族：使……族灭。

译文

灭掉六国的是六国自己，不是秦国啊；消灭秦朝的是秦朝自己，不是天下人啊！

解析

杜牧在《阿房宫赋》中以超高的文学艺术手法揭示了不能爱护人民是六国和秦朝自取灭亡的根本原因，以此警示当时的统治者。《孟子》说："祸福无不自己求之者。"（《公孙丑上》）《左传》也说："祸福无门，唯人所召。"（《襄公二十三年》）古人早就认识到，祸福安危无不系于人自己身上。新王朝取代旧王朝看起来是被别人推翻的，但是追根溯源，旧王朝内部的原因是最主要的。秦国之所以能够统一六国，从秦国的角度看，是因为秦国经过变法改革增强了国力；从六国的角度看，是因为六国不能爱其人民，国君就不能完全依靠人民的力量抵御秦国。而秦朝不也是因为施行暴政、骄奢淫逸，只关注自己嬴氏一姓万世江山，而不关心人民的死活，才导致灭亡的吗？六国和秦王朝的灭亡都是因为不能实行仁政、爱护百姓，这是咎由自取啊！

事物的发展是由内部原因和外部原因的相互作用推动的，但是内因是根本，是事物自身运动的源泉和动力。政治安危也是如此。当一个王朝或一个国家的执政者不关注天下苍生的时候，就是自己政治危险的开始。

夫天地之大，黎元为本〔1〕；邦国之贵，元首为先。治乱无常，兴亡有运。

——《晋书·宣帝纪》

注释

〔1〕黎元：指百姓。

译文

天地广大，百姓是根本；国家显贵，君王为先。国家的治理与动乱不是恒常的，兴盛与灭亡有其国运。

解析

此语出自唐太宗的《晋宣帝总论》。当时，房玄龄等人编著《晋书》，唐太宗为《晋书·宣帝纪》作总论。这段典文一方面体现了中国古代政治中的民本思想，另一方面也昭示了民本与君本之间的张力。根据《贞观政要·君道第一》的记载，唐太宗的为君之道以"存百姓"为先，非常重视百姓，"天地之大，黎元为本"正是其民本思想的集中表达。然而，"邦国之贵，元首为先"又表明在古代中国君主居于优先的地位。百姓与君主之地位及其关系的矛盾由此彰显出来了。如唐太宗虽强调百姓为本，但又说"社稷安危，国家治乱，在于一人而已"（《贞观政要·论慎终第四十》），所谓"在于一人"就是在于君主，是强调君主对国家的根本意义。这种矛盾不仅体现在唐太宗身上，而是贯穿于整个中国古代政治。

现代"以人为本""以民为本"的政治理念认为，人民是国家的真正根本，广大党政干部扮演着人民公仆的角色，一个政党的执政也应当为公而不为私。因此，从今天的角度看，唐太宗的这段话或许可以批判地转化为"天地之大，黎元为本；邦国之贵，百姓为先"，以契合现代人文观念与精神价值。

善为天下者，不视其治乱〔1〕，视民而已矣。民者，国之根本也。天下虽乱，民心未离，不足忧也；天下虽治，民心离，可忧也。

——《宋文鉴·皇朝文鉴卷第一百二》

注释

〔1〕治乱：指社会或国家表面上的安定或动乱。

译文

善于治理天下的人，不看表面上的治乱，观察民众而已。民众是国家的根本。天下虽然动乱，但是民心没有背离，不足以担心；天下虽然安定，但是民心背离，应当忧虑。

解析

这段典文出自宋代理学先驱石介的《根本策》，论述民为天下国家之根本，在继承中国古代民本思想的基础上又有进一步的发挥。石介认为，天下之所以为天下，国家之所以为国家，根本在于有其民。无民，则天下不过是空虚的天下，国家也不过是一个名号而已。所以，天下存亡、国家盛衰，尽在于民，"未有根本亡而枝叶存"。由此，他指出治理国家不要只关注表面现象而要洞察根本，进而从民或民心的角度阐述了古代"虽危必安""虽安必危"的思想。意即只要民心没有背离，国家的动乱是次要的，不久就会平息；相反，一旦民心背离，即便是国家看起来歌舞升平、一派盛世景象，都只是虚幻的泡沫，危机到来国家就会颠覆于顷刻之间。他举例

安不忘危 居安思危

说，桀、纣、秦之灭亡都是因为不得民心；汉朝有平城之危、诸吕之难、七国之乱、王莽篡权，唐朝亦有武氏之变、安史之乱、诸侯之叛，然而汉唐都未能因乱而亡，原因在于"民心未去"。由于民思汉恩、唐德，所以这两个朝代在经历动乱之后仍然可以转乱为治，长久下去。如果民心叛离，即便是匹夫也能灭亡一个国家，何况是四夷、诸侯、大臣呢？陈胜吴广揭竿而起，动摇大秦根基，不正是因为民众在受苦吗？汉唐有乱而不亡，不正是因为能"结民心之固"吗？国以民而姓，亦以民而亡。这样的经验教训是值得深思的。如所周知，密切联系群众是中国共产党的最大优势，也是得以成长壮大、长期执政的法宝，而党执政后面临的最大危险就是脱离群众。这一理念无疑是深刻反思古今中外政权得失而总结出来的。

第（四）篇

修身

「天行健，君子以自强不息；地势坤，君子以厚德载物。」「自天子以至于庶人，壹是皆以修身为本。」中国的传统政治思想将上至君王，下至百姓的个人修身问题与国家的政治安危结合起来，以理论的彻底性彰显了人是社会政治的人，而社会政治的人应当是充满道德理性与善良意志的人。政治安危与每个民众的幸福与否有关，而每个人的道德修养，特别是执政的君王与士君子的个人道德修养，更是直接地关系到一国的政治安危。人人当以修身立德为安身立命的第一要义，不懈地追求理想人格；在修己的同时还要推己及人，成己成物、达己达人。这是传统中国基于道德理性与善良意志基础上的政治智慧，在当今的世界仍然具有现实的启迪意义，亦具有一种普遍的指导意义。

克勤于邦，克俭于家，不自满假〔1〕，惟汝贤。

——《尚书·虞夏书·大禹谟》

注释

〔1〕满假：自满夸大。满，盈，自满之意。假，夸大，自大。

译文

勤勉地为国家尽力，节俭持家，不自满自大，只有你贤能。

解析

《大禹谟》一篇为伪书。舜居帝位三十三载，年老力倦，难以继续承担君主之责，欲禅让帝位给大禹。舜认为，大禹治水有功、造福百姓，勤于治事、毫无懈怠，生活作风俭朴，为了国家事业置个人利益于不顾，是一个有智慧、有才干、有领导力的贤能之人，可以继承帝位。禹坚决推辞，但最后还是同意了舜的授命。

勤俭是中华民族的传统美德，是古圣先贤留给我们的宝贵财富。勤俭不只是一种经济行为，而且也是贯穿于"修齐治平"的全过程之中，是上至帝王，下至百姓的修身养性的重要内容，是兴旺家庭的重要途径，也是治理国家的重要原则。小到个人、家庭，大到社会、国家，都应当崇尚勤俭、践行勤俭。勤俭是成就事业的基础，也是国家繁荣昌盛的动力。勤俭是战胜困难、渡过难关的法宝，愈是在危难时期愈要勤俭。到了和平时期，也万万不能丢弃勤俭的作风。做不到勤勤恳恳而有所懈怠，就容易出问题，所以伯益说"戒哉！儆戒无虞，罔失法度，罔游于逸，罔淫于乐"。资源是有限的，人的欲望是无限的，两者之间的矛盾是无法改变的现实，处理好这个矛盾才能够维护社会和国家的安定，避免冲突或战争。在今天，提倡和践行节约是社会文明的体现，也是社会进步的需要。

天难谌〔1〕，命靡常。常厥德，保厥位；厥德匪常〔2〕，九有以亡〔3〕。

——《尚书·商书·咸有一德》。

注释

〔1〕谌（chén）：相信。

〔2〕匪：通"非"，表否定。

〔3〕九有：九州。

译文

上天难以相信，天命没有恒常。恒常地保有美德，才能保住自己的君位；如果不能恒常地保有美德，拥有的九州也会失去的。

解析

该篇不见于《今文尚书》，为伪作。相传，伊尹还政于太甲，告老归邑，担心太甲即位伊始后可能二三其德，因此陈述恒久地保持美德之道以告诫太甲。所谓"一德"，即"纯一之德"（《尚书正义》）。其具体内容就是保持对天命的高度敬畏，不放纵自己，不轻侮下民。孔颖达疏云："德者，得也，内得于心，行得其理，既得其理，执之必固，不为邪见更致差贰，是之谓'一德'也。"朱熹也认为"一"是"纯一而不杂"，即"无纤毫私意人欲间杂之"。朱熹的说法认可并遵从了孔颖达对"一德"的解释，不过带有明显不同于经学的理学色彩。

夏桀因无德而失天下，伊尹和汤因保持"纯一之德"而拥有九州。商之所以取代夏，是因为上天保佑有纯一之德的人，天下百姓也归顺有纯一之德的人。"德惟一，动罔不吉；德二三，动罔不凶。"德贵在纯一，纯一则行动吉利；二三即杂而不纯，行动就会有凶险。所以，吉凶灾祥在于人是否有纯一之德，国家治乱兴亡在于君臣是否有纯一之德。要想长久地安定民众的生活，君主就要行纯一之德以保天命；任用的官员和辅佐大臣也应当具有纯一之德。

惟治乱在庶官〔1〕。官不及私昵，惟其能；爵罔及恶德，惟其贤〔2〕。虑善以动，动惟厥时。有其善，丧厥善；矜其能，丧厥功〔3〕。惟事事，乃其有备，有备无患〔4〕。

——《尚书·商书·说命中》

注释

〔1〕庶：众多。

〔2〕及：至也，涉及。昵：亲近。恶德：指品德不好的人。

〔3〕有其善：自认为很好。矜：自夸。

〔4〕事事：任何一件事。一说从事某事。

译文

国家的治理或混乱在于百官。官职不要授给自己亲近的人，要考虑他的能力；爵位不要授给品德不好的人，要考虑他是否贤明。考虑周全以后再行动，行动的时候要选好时机。自己认为很好，但是别人不这么认为，也等于丧失了善德；自己夸自己很能干，但是别人不认为是这样，也等于丧失了能力。对待任何一件事都应该有所准备，有了准备才能没有后患。

解析

《尚书》有《说命》三篇，经后人辨伪，已确定其均为伪书。但伪书不伪，是上古社会托古讨论国家政治安危的思想遗产。所谓"说命"，即"命说"，是殷王武丁任傅说为相的命辞，"说"指的就是傅说。《说命中》主要是记录了傅说对武丁的进言，他劝告商王要顺奉天道，只想着如何治理好民众，而不要安逸享乐（"不惟逸豫，惟以乱民"，此处的"乱"是治理的意思）。

傅说从四个方面提出了具体要求，其中"惟衣裳在笥（sì）"与官员的任命有关。为政在于得人，国家治乱的关键之一在于官吏，良好的官僚队伍是治理国家、维持稳定的重要保证。挑选和任命官员的原则应当是考察一个人的能力和品德是否与官职相称，而不是与自己的亲疏。要任人唯能、任人唯贤，不能任人为亲。《尚书·周书·武成》也说："建官惟贤，位事惟能。"自古至今，中国的官员选拔制度几经变迁，有的时期虽看重血缘或出身门等，但总体而言"选贤任能""惟贤惟能"是选官用人的基本标准。

这段典文还强调，行动前除了要做好充分的打算、考虑周详外，还要善于选择有利的时机。时机对于一件事的成败起到了至关重要的作用。只有事事都有所准备，才可以预防可能发生的祸患，保证个人和国家的事业长久不衰。

居宠思危，罔不惟畏，弗畏入畏〔1〕。

——《尚书·周书·周官》

注释

〔1〕弗畏入畏：意思是如果不知道畏惧，就会进入可畏的境地，即可能会面临危险。

译文

身居被宠幸之位而能思虑危险，没有什么是不畏惧的，如果不知道畏惧，就会走到让自己畏惧的地步。

解析

《周官》不仅介绍了周代的官制，同时也阐发了为官的理念。"居宠思危"虽是为官之道，也是为人之道，更可以引申到为国之道。蔡沉《书集传》云："居宠盛则思危辱，当无所不致其祗（zhī，恭敬）畏。"有的人身居宠位时往往恃宠骄纵，这是因为他以得宠为乐，不能戒惧思危，结果遭致失宠受辱。有的人以得宠为忧，所以时时思危而得以保全。无论是失意还是得意，都应保持敬畏之心。做到戒惧敬畏，就会对危险的事情有所警惕；否则，很容易踏入危险之境而不自知。因此，成王告诫众官："功崇惟志，业广惟勤。惟克果断，乃罔后艰。位不期骄，禄不期侈。恭俭惟德，无载尔伪。作德心逸日休，作伪心劳日拙。"建立崇高的功业在于立定志向，要想事业广大要勤勤勉勉；遇事果断没有多余的疑虑，就不会有后日的祸患；身居官位不要骄傲，拿着俸禄不要奢侈；恭敬节俭是美德，不要做佞伪之事；做符合道德的事，内心一天天安乐美好；做不符合道德的事，内心一天天劳累不顺。这段话句句至理名言、循循善诱，虽是告诫从政为官者应当修养身心，不断努力自勉，不离正道。实际上也关系到国家政治的安危。一个国家的官员若缺乏必要的自我警醒、约束，没有努力向上的态度和行动，则其政治必然容易走向腐败。

君子终日乾乾〔1〕，夕惕若〔2〕，厉无咎〔3〕。

——《周易·乾》

注释

〔1〕君子：在《易》中，有时指道德品行高的人，有时指地位尊贵的人。终日：整个白天。孔颖达："终竟此日后，至向夕之时。"（《周易正义》）乾乾：自强不息之意。

〔2〕惕：旧解为警惕、戒惕，即讲忧患意识，此处从旧说。廖名春注意到今本的"惕"字在帛书《易传》中作"沂"字，当训为"息"，其本义为解除，引申为安闲休息义。并以《淮南子·人间训》中的材料作为作证，又与《文言传》相互发明，得出结论：此条爻辞其实是讲因时而动、因时而止的道理，并非指忧患意识，可备一说［参见廖名春著：《〈周易〉经传与易学史新论（修订版）》］。若：语助词。

〔3〕厉：危险。咎：灾害。有的在"厉"后断句，即"夕惕若厉，无咎"。

译文

君子整个白天勤勉自强，直到夜晚还保持着警惕与戒惧，（有这样的精神状态）即使是面临危险也不会出现过失。

解析

这段典文为《乾》卦九三爻辞，成语"朝乾夕惕"即出于此。我们知道，《易》的六十四卦由阳爻"—"和阴爻"--"为基本符号组合而成，每卦有六爻，即所谓"《易》六画而成卦"（《说卦》）。

三个阳爻为"乾"，《乾》卦▆的下卦和上卦皆为"乾"（☰），由六个阳爻组成，为全阳之卦。按《说卦》，"乾，天也""乾，健也"。也就是说，乾指天，乾卦有阳刚、强健之意。《易》会根据卦的意义选取不同的象征物来表示，龙为刚健之物，因此《乾》卦以龙为象。然而，值得注意的是，唯独九三爻辞以君子为象，这是因为君子为刚健之人，与龙都具有自强不息的气质。

阳爻称九，阴爻称六。九三爻即从下往上数的第三个阳爻，处在下卦的最上端，又在上卦的下面，处境危险所以要有保持一种警惕的状态。王弼注此句云："处下体之极，居上体之下，在不中之位，履重刚之险。"（《周易注》）《乾》卦的意象是天道周流不止，由此君子也要努力奋斗没有懈怠，即"天行健，君子以自强不息"。何以自强不息呢？《象》说："'终日乾乾'，反复道也。"这就是强调君子要顺应天道，在实际生活始终坚持正道，不离正道又保持一种警惕有为的精神状态，就可以做到"无咎"了。"无咎"，即虽遇险难而无过失之结局也。世人若能做到遇险而不导致过失，必有所准备也。《系辞下》说"惧以终始，其要无咎"乃《易》之道，就是这个道理。

子曰："君子进德修业[1]。忠信，所以进德也；修辞立其诚，所以居业也[2]。知至至之，可与言几也；知终终之，可与存义也[3]。是故居上位而不骄，在下位而不忧。故乾乾因其时而惕，虽危无咎矣。"

——《周易·乾》

注释

〔1〕进德修业：提高道德修养，经营自己的事业。进，促进。修，培养。业，这里侧重指道德品行。

〔2〕所以：用以，用来。修：修治。辞：言辞。居：蓄，积也。

〔3〕知：预知。至：第一个"至"为名词，有两解，其一指事物发展的趋势，与"几"类似。其二指所要追求的目标、方向，目的地。第二个"至"字为动词，使动用法。依第一义，则是实现，达到。依第二义则使之达到，使之实现。几：几微，事物开端之状态。终：第一个"终"字为名词，结束之义。第二个"终"字为动词，使之终结，让它终结。义：宜也，合宜。

译文

孔子说："君子提高道德修养，经营自己的事业。讲求忠信，以此来增进自己的道德；注意言辞的分寸是要确立真诚的态度，以此积蓄事业的功效。洞察事物发展的动向并且采取相应的行动达到目的，这样的人可以跟他讨论事物展露几微时的道理；了知事物发展行将结束而能果断结束，这样的人可以与他以义道相处。由此之故，居于高位而能不骄傲，处于下位而能不忧郁。由此可知，自强不息，时时保持警惕状态，即使遇到危险的事情也不会有什么过失。"

解析

这段典文是对《乾》卦九三爻辞的解释，孔子将其核心精神概括为"进德修业"。进德与修业均有其途径，那就是坚持忠信和通过恰当的言辞以树立诚之美德。道德修养以忠信为本，在事业上则要做到诚意，言行一致。此外，还要有忧患意识和前瞻意识。《周易》特别强调"知几"的道理。"几者，动之微"。所谓的"几"，即是事情变动、吉凶的开端状态。《系辞下》说："吉凶悔吝者，生乎动者也。"所谓"知几"就是能够较早地洞察事物将要发生变化的征兆和迹象。一旦能够洞察事物的发展方向，就可以掌握先机，对未来可能出现的困难或危险做出预判，并有针对性地提前做好准备。当困难或危险来临的时候，就能够从容应对，避免手足无措。顺应事物发展的规律使其在恰到好处时结束，那就是合乎真正的大义了。

在《周易》的卦爻辞系统里，九三爻辞所处的位置较为特殊，它是阳爻，表示刚健有为。然而九三之位是变位，就好比一个人身处中层正职之位，对于下面的人来说，他是领导，有管理之权及相应的责任；但对于上面的领导来说，他又是一个重要的执行者，要接受上级的领导。在这种情况下，他就既要小心翼翼，不能骄傲自大，也不能过于优柔寡断。而是要经常性地保持大局观和积极有为的精神状态，这样就能遇险而无过失。

积善之家，必有余庆〔1〕；积不善之家，必有余殃。

——《周易·坤》

▎注释▎

〔1〕余庆：遗及子孙的福庆。

▎译文▎

积累善德的人家，后代子孙一定会有福庆；积累恶德的人家，后代子孙一定会有祸殃。

▎解析▎

《坤》卦初六爻辞说"履霜，坚冰至"。意思是脚踏到了秋霜，人们就知道冬天的坚冰时节慢慢就要到来了。意在说明，智者要明察事物变化之"几"，见微知著，谨慎行事。由霜至冰，是事情发展的必然结果，但"冰冻三尺，非一日之寒"，很多事情是慢慢形成的，好事坏事都是一样的道理。

"积善之家，必有余庆；积不善之家，必有余殃"的重点之一正在"积"字：长期从事某种行为，其结果不仅影响当时，还会影响后世。即便效果在当时没有表现出来，在以后也会显现出来。此外，它还阐明了善恶与祸福之间存在的因果关系，即在社会领域，人之祸福与主体的行为有着本质的联系，不同于自然之理。主体的行为意识和抉择很大程度上决定了行为的后果，这是有意志的人为，所以要理性务实，不可怨天尤人、推脱责任。

这句话蕴含的道理既适用于一个家族及其后代，也适用于一个国家。儒家讲修身齐家治国平天下，由小到大、由近及远，要想治国须先齐家，而整饬好一个家庭的前提是管理好一个人自己的身心。中国传统社会非常重视世代之间的生生不息，既强调前代对于后代的责任，也重视后代对于先人业绩的继承与发扬。此处着重强调在位者对于后代的责任，而孝道则强调后人对于先人的责任与义务。

子曰："德薄而位尊，知小而谋大，力小而任重〔1〕，鲜不及矣〔2〕。"

—— 《周易·系辞下》

注释

〔1〕力小而任重：钱大昕、王念孙等以为"力小"当为"力少"。可备一说。

〔2〕鲜不及：很少有不及祸的。此为歇后的表达方式。鲜，少也。

译文

孔子说："德才浅薄却地位尊高，智慧很小却图谋宏大，能力不够却担当重任，这样很难避免灾祸。"

解析

此为孔子对《鼎》卦的解释，从直观的卦象上升为一般性的原理，阐述了人间之祸产生的三个主体性原因。在《论语》中，孔子经常告诫读书人，"不患人之不己知，患其不能也""不患无位，患所以立"。"知小而谋大，力小而任重"，都说明自己在能力上的不足。德薄又居高位，不知反思这个高位所需要相应的德才，即不理解所以获得高位背后的理由与道理，这些都是让自己处于危险境地的做法。

"德薄而位尊"一句后来逐渐衍化为俗语"德不配位，必有灾殃"。对于这一现象，历史上不乏其例。儒家把个人的内在德性和人生的祸福紧密地联系在一起，具有极强的普遍性，适用于所有人。这里强调的"位"，则主要是从官员所处的权力之位而言的。有的官员虽然身处领导之位，但尸位素餐，无所作为；有的官员则越过法律的红线和道德的底线，胡作非为，贪污、腐败、堕落。这些都是"德不配位"的具体表现，不仅给自己和家庭带来了灾祸，也让国家和社会蒙受损失。

在知识经济与信息爆炸的今天，所有干部都应该有本领恐慌、能力不足的忧患意识，在工作中努力避免"知小而谋大，力小而任重"的现象，减少因个人能力不足而造成决策失误、任人错误。

荡荡上帝，下民之辟〔1〕。疾威上帝，其命多辟〔2〕。天生烝民，其命匪谌〔3〕。靡不有初，鲜克有终〔4〕。

——《诗经·大雅·荡》

注释

〔1〕荡荡上帝：恣意骄纵的周王。荡荡，《郑笺》云"法度废坏之貌"。上帝，指周王，这里是周厉王。辟（bì）：君主。

〔2〕疾威：贪心暴虐。命：政令，一说"本性"。辟：通"僻"，邪僻。

〔3〕烝（zhēng）民：众民。烝，众、多。匪谌（chén）：不诚、不守信用。一说"命运无常不可信"。

〔4〕靡：无。鲜：少。克：能。

译文

恣意骄纵的周王，是下面百姓的君主。贪心暴虐的周王，他的本性很邪僻。上天生养众民，他们的命运无常。开始没有不好的，但是很少能坚持到最后。

解析

《荡》为召穆公刺周厉王之作，哀伤周室将亡。《毛诗序》云："《荡》，召穆公伤周室大坏也。厉王无道，天下荡荡无纲纪文章，故作是诗也。"此篇共八章，这段典文为首章，以"荡荡上帝"作为全篇总起。孔颖达认为"上帝"是"天之别名"，"天无所坏，不得与'荡荡'共文"，所以作者是以"上帝"托指君王。

　　《荡》的后七章均以"文王曰咨，咨女殷商"开头，是文王感叹殷商灭亡之语，此语之后又细数纣王的罪行。这些罪行包括任用贪暴之臣，倚仗权势、肆无忌惮；陷害忠良，致使横祸丛生；无知人之明，不用贤臣导致大臣结党营私；酗酒淫乐，荒废政事；国家内外均有怨气，面临内忧外患；不守旧制、不听劝告；如此等等。大祸临头却浑然不觉，最后只能落得个国破身亡的下场。这些话中虽无一句直接指斥厉王，实际上却是托文王哀叹纣王无道之词来抨击厉王。明为斥纣王，实为责厉王，程俊英认为，《荡》托古刺今，是咏史诗的滥觞。也有人认为该诗是采用了"谲谏"的方式。按照《毛诗序》的说法，"谲谏"比较集中地体现在《风》中："上以风化下，下以风刺上，主文而谲谏，言之者无罪，闻之者足以戒，故曰《风》。"

　　此章"靡不有初，鲜克有终"二句告诫人们要一以贯之、持之以恒，不要半途而废。《荡》之末章又云："殷鉴不远，在夏后之世。"殷以夏为鉴，周当以殷为鉴，寓意深长、发人深省。要想使国家长治久安，避免重演夏、殷的悲剧，就必须居安思危、善始善终。

悠悠我里，亦孔之痗〔1〕。四方有羡〔2〕，我独居忧。民莫不逸，我独不敢休。天命不彻，我不敢效我友自逸〔3〕。

——《诗经·小雅·十月之交》

注释

〔1〕悠悠：形容忧思深长的样子。里：通"悝"，忧伤、悲伤。亦：与后文的"之"都是助词。孔：很。痗（mèi）：忧思成病。

〔2〕羡：富裕，有余财。

〔3〕不彻：不遵循轨道，无轨可循，表示无常之意。效：效法，仿效。

译文

我的忧虑绵绵悠长，忧思过多已成疾病。四方的人们条件富裕，我独居一人在此忧愁。人们的生活没有不安逸的，但是我不敢停下来休闲。天命无常没有定数，我不敢效仿我的友人享受安乐。

解析

《十月之交》是一首政治讽喻诗。《毛诗序》云："《十月之交》，大夫刺幽王也。"这交代了该诗的作者为周朝的士大夫，讽刺的对象则是周幽王，说法基本可信。全诗共八章，首先作者将月食、日食、地震等自然现象的出现与王朝的政治黑暗、用人不当等联系起来，认为天降异象是对王朝和统治者的警告，下民也要因此遭殃，表达了对天下百姓的关心和对国家前途命运的担忧。《十月之交》所记录的日食、地震等均有史实的记载，而且有的得到了科学的证

安不忘危　居安思危

实。所以它不仅是一首政治诗，还提供了中国早期宝贵的天文地理资料，具有重要的科学价值。

其次，作者有力地揭露了统治者的种种恶劣行径，如任用小人、宠任褒姒，违背农时、强征服役、荒废农田，聚敛财富去新筑的采邑享乐，不顾百姓死活和国家安危等。最后作者表示，即便是自己心中有万般怨恨，仍为王事尽心尽力，即便如此还是不可避免地遭到了小人的诬陷。在此衰微乱世之中，作者哀叹和控诉的不仅是个人之不幸，还有国家之不幸，忧国忧民的情怀和社会责任感流露在诗歌的字里行间。最后一章，作者自警自戒，与那些贪图富贵、安于享乐的人划清界限，鲜明地表达了自己的立场，绝不同流合污。其中深刻的忧患意识虽然是针对周朝的黑暗和危亡而发，但在太平盛世也有警戒意义。

子曰："不患无位，患所以立〔1〕；不患莫己知，求为可知也。"

——《论语·里仁》

注释

〔1〕立：有所成立，即"三十而立"之"立"。一作"位"。

译文

孔子说："不忧虑没有职位，只担心没有具备独立行事的德能；不忧虑没有人了解自己，只求可以让别人了解到自己的真本领。"

解析

此章体现了孔子处世的基本原则和态度，在其他篇章也有类似的表述。如《宪问》："不患人之不己知，患其不能也。"《卫灵公》："君子病无能焉，不病人之不己知也。"孔子认为，凡事都要从自己的身上找原因，应当严格要求自己，使自己具备自立于世，且能应对各种人生难题甚至是治国平天下的本领，仅仅获取一个政治位置并非君子之所求。有了政治上的位置，自己却又不具备在其位行事的德与能，小则丧失其位置，大则可能伤生殒命，更有甚者还极有可能连累家人性命。"患所以立"（或曰"患所以位"）是一个真正的君子需要思考的问题。求为可知，即追求那使得自己能够被人所知的真本领，才是真正的君子所要追求的目标。儒家也不反对有德才的人去从事政治，以此匡扶君主、治理国家，这是儒家主张经世致用的题中应有之义。正如钱穆在《论语新解》中所说："君子求其在我。不避位，亦不汲汲于求位。若徒以恬澹自高，亦非孔门求仁行道经世之实学。"只有把"不避位"和"不汲汲于求位"结合起来，才是儒家对"位"的完整认识和做法。

子曰："德之不修，学之不讲，闻义不能徙〔1〕，不善不能改，是吾忧也。"

——《论语·述而》

注释

〔1〕徙：迁移、靠近。

译文

孔子说："品德不去培养，学问不去讲习，听到义却不能靠近义，有过错却不能改正，这些都是我所忧虑的现象啊！"

解析

此章论孔子之"四忧"，即社会上的君子们不修德、不讲学、不向义靠近、不改正自己的过错。此四者是一个有道社会必须要关注的四件事情，所以孔子忧之。以上四点在《论语》的不同篇目中均有多次论述。朱熹云："此四句，修德是本。为要修德，故去讲学。下面徙义、改过，即修德之目也。"（《朱子语类》）儒家以修德为立身之本，先立得住根本，才能纲举目张。《学而》曰："弟子入则孝，出则悌，谨而信，泛爱众，而亲仁。行有余力，则以学文。"此处"弟子"，即指贵族的子弟，他们将来都是要从事治理政治的事情，如果这些人既不修德，又不参与讲学的活动，不能靠近义以改变自己的行为，自己有过错又不愿意改正，将来执政了，又怎么可能把一个国家治理好呢？所以，孔子忧此四者，是从一个诸侯国的未来的执政人才素质

的角度来思考国家的安危。一个低素质的执政队伍，又怎么能
把一个国家治理好呢？

子之所慎：齐、战、疾〔1〕。

——《论语·述而》

注释

〔1〕齐：通"斋"，斋戒。

译文

孔子所谨慎小心的事情：斋戒、战争、疾病。

解析

齐、战、疾三者为何为孔子之所慎所忧？是因为这三件事都关系到社会安稳与民众的生命安危。朱熹对此曾解释道，斋戒关乎是否能够诚心与神明相交；战争关乎百姓之生死、国家之存亡；疾病又关乎个人的生死存亡。我们认为，朱熹对此三件事的解释是合乎孔子精神的。清代学者潘维城则用内证的方式表明，孔子谨慎对待此三件事在《论语》中均有体现。如《乡党》篇说："齐，必有明衣，布。齐必变食，居必迁坐。"（大意是，斋戒沐浴时一定要有布做的浴衣，改变饮食，搬移卧室。）这是论述慎齐之意。《述而》篇说："子路曰：'子行三军，则谁与？'子曰：'暴虎冯河，死而无悔者，吾不与也。必也临事而惧，好谋而成者也。'"（大意是，如果孔子统领军队，他喜欢和那些面对大事恐惧谨慎，善于谋略而取得成功的人共事。）这是论述慎战。《乡党》篇说："康子馈药，拜而受之。曰：'丘未达，不敢尝。'"（大意是，我不太了解这种药，不敢尝试。）这是论述慎疾。

安不忘危　居安思危

227

科学昌明的今天，在政治生活中，我们不必像孔子那样敬畏神明，但对于大自然的生态与环境的保护，我们仍然要保持高度的严肃认真的态度。慎战思想在今天不仅没有过时，反而要大力提倡，以维护和平与发展。疾病问题更是今天社会要高度关注的社会治理问题。药品的生产与监管，还有医保的用药范围等一系列与人民的生命健康相关的问题，都必须在政治家、思想家严肃关注、认真研究的范围之内。孔子之所慎，又何尝不是当今的社会学家、政治家们之所慎呢？

子曰：“邦有道，危言危行〔1〕；邦无道，危行言孙〔2〕。”

——《论语·宪问》

注释

〔1〕危：危险，不安。历来诸家对“危”的解释存在分歧，据杨逢彬考证，大体有以下三种：释“危”为“厉”（包咸）、释“危”为“高”（朱熹）、释“危”为“正”（王念孙）。杨氏认为，依据《论语》的内证及当时的语言习惯，“危”当为“不安”“危险”之义。目前王说虽然较为流行，但于文章似有扞格，故此处从杨说。

〔2〕孙（xùn）：同“逊”，谦逊。

译文

孔子说：“国家政治清明的时候，言语和行为都可以冒险犯难；国家政治黑暗的时候，行为可以冒险犯难，言语则要谦虚谨慎。”

解析

此章表面上看是讲个人的处世与避祸问题，实际上也涉及社会政治的安危问题。孔子认为，面对国家政治的不同情况，要采取不同的处世态度和原则。《宪问》首章便提到：“邦有道，谷；邦无道，谷，耻也。”意思是在国家政治清明的时候，可以做官拿俸禄；国家政治黑暗的时候，还做官拿俸禄，这就是耻辱。《泰伯》中说：“天下有道则见，无道则隐。”《卫灵公》的一章也说：“邦有道，则仕；邦无道，则可卷而怀之。”“仕”和“见”“谷”都是指出来做官，“卷而怀之”的意思是收其锋芒。这就涉及如何避患、保全自身的问题，可以从国家和个人两个角度分析。

　　所谓"邦有道"主要是指君主开明，如此一来，大臣的言行就敢于犯难，纠正君主的意志，劝诫君主居安思危，保证国家的安定。在"邦无道"的时候，为了不招致祸患要谨慎小心，不要因言获罪，但是仍然要坚守君子的操守，在行动上敢于对抗非正义的行为。可见，无论是国家的政治清明与否，孔子都认为君子不能够丧失自己高洁的品行。孟子说"天下有道，以道殉身；天下无道，以身殉道"（《尽心上》），与孔子的意思有异曲同工之妙，而孟子多了几分英气与豪壮。

子曰："人无远虑，必有近忧〔1〕。"

—— 《论语·卫灵公》

注释

〔1〕人无远虑，必有近忧：钱穆认为，"此章远近有两解：一以地言，人之所履，容足之外，皆若无用，而不可废。故虑不在千里之外，则患常在几席之下矣。一以时言，凡事不作久远考虑，则必有近日顷败之忧。两解皆可通。依常义，从后说为允"。以地理远近解，见朱熹引苏氏注。

译文

孔子说："如果一个人没有长远的考虑，一定会有眼前的忧患。"

解析

此章讲居安思危、防备祸患之意，可谓至理名言，小到个人大到国家，莫不如此。就个人而言，人生在世，需要有远大理想，这样就不会被眼前的蝇头小利所迷惑，否则经常会被眼前的小事所烦扰。南朝梁皇侃《论语义疏》说："人生当思渐虑远，防于未然，则忧患之事不得近至。若不为远虑，则忧患之来不朝则夕。"需要注意的是，这里的"远虑"是从正面的意义上来讲。所以，《论语集注补正述疏》云："所谓远虑者，以正谋，非以私计也。如私计乎，古人之戒室家，子孙蓄财多害；秦燔书而销兵，二世速亡。"钱穆同意此说，进而认为"蓄财似亦为远虑，实则非"。就国家与社会而言，亦要有深谋远虑，严肃认真地思考国家安稳、人民幸福的根基之所在，如此则国运长昌，没有很多琐碎的小事烦扰。

子曰："知及之[1]，仁不能守之；虽得之，必失之。知及之，仁能守之。不庄以莅之[2]，则民不敬；知及之，仁能守之，庄以莅之，动之不以礼，未善也。"

——《论语·卫灵公》

注释

〔1〕知：才智。之：钱逊指出，"知及之"的"之"有三种解释，一是指民，二是指职位或国家，三是指治民之道。杨逢彬认为，此章诸"之"表示泛称、泛指。

〔2〕莅（lì）：同"莅"，到、临。

译文

孔子说："你的聪明才智足以做成某事，但是你的仁德却不足以守住成果；即便是成功了，也一定会失去。你的聪明才智足以做成某事，仁德又能足以守住成果，但是不能庄严地对待它，那么百姓就不会严肃认真地对待它。你的聪明才智足以做成某事，仁德足以守住成果，又能庄严地对待它，但是不用礼去推动它，那还是没有做到无可挑剔。"

解析

此章论述知、仁、庄、礼四者的内在联系及其在人事中的相互配合的重要性。虽然对于"之"字的指代对象解读有所不同，使得不同学者对本章主旨的把握略有差异，但并不影响对于此章主旨的解读。就治国之道而言，仅凭聪明才智是远远不够的。这是一项复杂的综合事情，需要智仁庄礼四者的共同作用。

　　仁和礼是儒家思想的核心概念，既是个人道德修养的行为规范，也是治理国家的重要手段。儒家提倡把个人的道德自律和国家治理结合起来，一定程度上体现了"家国同构"的治理模式。此章涉及的另一问题就是得与守或得与失。得天下与守天下是自古以来君臣屡屡谈到的巨大政治问题，从后世的文献中不难看出，有儒家立场或者汲取儒家思想资源的政治家基本上都认为可以以智取天下，但是在守天下、教化百姓的实践中必须凭借仁德和礼制。礼制即是有序化的制度，相对刑罚而言，重在启发人的道德耻感。故礼制与礼治均是德治，是仁德的外化表现。另外，这里涉及的"庄"，不止是外表的道貌岸然，而主要是内心的虔敬。为政者必须对自己的岗位和职责保持虔诚的态度，否则很多好的事情也不足以维持。政治清明可以给人民创造出暮春三月、风乎舞雩的自由自在的和乐生活状态，但作为政治家、执政者，对于自己的工作岗位和职责则必须时刻保持庄重严肃。

民之从事〔1〕，常于几成而败之〔2〕。慎终如始，则无败事。

——《老子·第六十四章》

注释

〔1〕民：泛指普通的人。这是老子从圣人的角度来看人间时说的话。从事：行事。

〔2〕几：几乎，将要。

译文

人们做事情，常常在快要成功的时候就失败了。在事情要完成的时候也能像开始时那样保持谨慎，做事就不会失败了。

解析

成语"慎终如始"的出处，强调坚持一贯的重要性。与《周易》"初吉终乱"和《诗经》"靡不有初，鲜克有终"一样，老子也是从反面（"民之从事，常于几成而败之"）来论述"慎终如始"的正面意义。纵观中国的历史，以始成而终败者多，始终一贯皆成者少，故治乱安危才会如此反复。就个人而言，从短期来看，要想成就一件事情，就要坚持不懈、一鼓作气，避免功败垂成；从长期来看，即便是功成名就，也不可贪图权贵、不思后患，以防晚节不保。于人如此，于国莫不如此。有的开国之君起初还能不忘成业之艰难，但后期就荒淫纵乐，导致国家速亡。即便是开国之君能够做到善始善终，后世之君也不能慎终如始，故国家由盛转衰、由存而亡。以毛泽东为代表的中国共产党人，在取得全国的胜利后，明确的意识到，这只是万里长征的第一步。当今的共产党人始终要求自己"不忘初心"，继续新中国建设与中华文化复兴的万里长征，可谓深契中华文化的优秀精神传统。

圣人以治天下为事者也，不可不察乱之所自起。当察乱何自起〔1〕？起不相爱。

—— 《墨子·兼爱上》

注释

〔1〕当：孙诒让《墨子间诂》："当，读为尝，同声假借字"，"尝，试也"。试，即努力地去做。

译文

圣人以治理天下为自己的事业，不可以不考察混乱是由什么原因引起的。努力去考察混乱是如何生起的呢？是由于不能相爱引起的。

解析

这段典文将"不相爱"看作是社会混乱的根由。实际上，墨子认为，导致天下混乱的主要原因主要有两个，一是"一人一义，十人十义"。提出的相应对治原则是"尚同"。另一个就是本段典文所讲的人与人之间的"不相爱"。不相爱，实即是自私自利。对此人性的缺陷，墨子提出以"兼相爱""交相利"的方法取代或改造之。墨子对自己的主张很自信，说"兼相爱则治，交相恶则乱"。他所说的"兼爱"，就是爱人如己，爱人之父母如爱己之父母，爱人之国家如自己之国家。后来儒家学者，包括现代很多非儒家学者都认为，墨家提倡的是无差等、无差别的爱他人、所有人，与儒家强调"爱有差等"的主张是针锋相对的。

　　实际上，墨家的"兼相爱"的伦理原则也可以理解成善意的传递，而"交相利"的原则可以理解成是互惠共赢。如果一个人真正地理解爱自己、爱自己的父母、爱自己的国家，就要设身处地的想一想他人也会爱他们自己、爱他们的父母，爱他们的国家，那么我们每个人则应当把爱自己、爱自己父母、爱自己国家的爱的感情推广开来，也去爱他人、爱他人的父母、他人的国家。这种爱的道德与伦理善意具有逻辑上的可推演性和可传递性。

　　正如人类历史上一切提倡爱的宗教一样，墨子的"兼相爱、交相利"并未得到统治阶级的接受与支持。在一个以私有制为主体的人类历史阶段，任何以爱的理论来解决社会政治问题的理论，都不可能是成功的。只有当人类彻底解决了物质贫乏与阶级的冲突问题之后，人类社会"兼爱"的理想才有可能慢慢地实现。但作为一种道德理想和社会理想，"兼相爱，交相利"的主张体现了一种普遍性和交互性，在当今全球化的世界仍然具有积极的现实意义。

昔商纣有臣曰王子须，务为谄〔1〕，使其君乐须臾之乐，而忘终身之忧，弃黎老之言〔2〕，而用姑息之谋〔3〕。

—— 《尸子·卷下》

注释

〔1〕昔商纣有臣曰王子须，务为谄：有的断句为"昔商纣有臣曰王子须务，为谄"，亦可。然其人不可考。

〔2〕黎老：老人。黎，假借为"耆"（qí）。

〔3〕姑息：妇孺，指妇女小儿。

译文

以前商纣王的时候有个臣子叫王子须，致力于谄媚纣王，使纣王贪图享受一时的快乐，而忘记了终身的忧患，抛弃老成人的忠言，而采用妇女小孩一类的主意。

解析

鲁哀公曾经问孔子："听闻鲁国有一个极其健忘的人连自己的妻子都忘记了，有这回事吗？"孔子对是否真正存在这么一个人没有给出正面的回应，未置可否，而是顺着哀公的话头说道"此忘之小者"，进而引出商纣王的例子，以此来阐明人有"终身之忧"，不可"忘大"的道理。

《孟子》说："君子有终身之忧，无一朝之患也。"这是孟子从人生哲学的角度提出的一条普遍法则。然而商纣王的行为恰恰与之相反，他关心的不是长远的事情，而是沉浸在一时的享乐之中，不能分清"须臾之乐"与"终身之忧"的主次。历史上多少君主的败亡都是顾"须臾之乐"而忘"终身之忧",不可不察,不可不鉴!对于君主而言,"终身之忧"的"身"字既有身体的意思,也有国家的意思。所忧者,既是己身之安危,也是天下之存亡。只有做到不忘"终身之忧",才能够对谗言有所警惕,能够听取忠告,避免国破身亡。

禹、汤罪己〔1〕，其兴也悖焉〔2〕；桀、纣罪人，其亡也
忽焉〔3〕。

——《春秋左传·庄公十一年》

注释

〔1〕禹、汤罪己：《说苑》《后汉书》认为是："禹见罪人下车泣。"
《论语·尧曰》记载，汤说："朕躬有罪，无以万方；万方有罪，罪在
朕躬。"

〔2〕悖：同"勃"，兴起的样子。

〔3〕忽：速度很快。

译文

禹、汤把百姓犯错的罪责归在自己身上，他们勃然而兴盛；
桀、纣把罪责归在别人身上，他们就迅速灭亡。

解析

禹和汤认为，如果百姓犯罪，过错不在百姓而在于自己，这是
因为自己没有治理好国家，所以就会不断正视罪过、反省自己、改
进治理、体恤百姓，国家也因此而繁盛。相反，桀和纣荒淫无道，
不知道检视自己言行而把过错都归结在他人身上，利用刑罚等极端
的手段惩罚别人，不得人心，国家也因此很快就灭亡。

由此可以看出，在《左传》的原始文本中，"罪己"和"其兴
也悖"、"罪人"和"其亡也忽"具有内在的因果联系，含义较为单
一。后来，人们常用"其兴也勃焉，其亡也忽焉"说明中国古代政

权的更迭、国家的兴亡、治乱循环的现象在历史上频繁出现。"天下大势，分久必合，合久必分。"在古人看来，一治一乱、一兴一亡、一合一分的道理是亘古不变的，任何一个王朝最终都要走向覆灭的结局。从今天看来，这实际上是传统专制统治者无法认清历史自身发展规律的结果。这大约也是古代的治国安邦之术不能从根本上让一个王朝避免安而必危、治而必乱、兴而必亡命运的原因之所在。如何跳出"历史周期率"，也是今天世界上任何一个政权都需要而且必须思考和面对的问题。

若夫君子所患则亡矣 [1]。非仁无为也，非礼无行也。如有一朝之患，则君子不患矣。

——《孟子·离娄下》

注释

〔1〕若夫：至于。亡（wú）：没有。

译文

至于君子别的忧患就没有了。不符合仁义的事情不做，不合乎礼义的事情不做。即便是有突发的祸患，君子也不会因此而担心。

解析

孟子在此章提出"君子有终身之忧，无一朝之患"，意思是君子有长期的忧患，没有突发的、一时的忧患。这和孔子的"人无远虑，必有近忧"如出一辙。孟子认为，有一种忧患是存在的，那就是我和舜都是人，舜的德业为天下人效法，可以流芳百世，但是我却还是一个乡里的普通人。面对这样的情况，是需要有所忧患的。有了这个忧患该如何做呢？在孟子看来，那就要不断地向舜学习。除了这样的忧患，君子没有其他的忧患了，所以他说"若夫君子所患则亡矣"。孟子真正想要表达的意思是，君子所忧患的是自己还没有达到圣贤那样的道德高度。孔子说的"君子忧道不忧贫"也是这个道理。

孟子认为，君子和一般人有所不同，君子自始至终都在考虑仁、礼的事情，他说："以仁存心，以礼存心。"如此一来，作为个体的人的忧患意识就与成德意识相联系起来。也就是说，人出于主体的内在自觉不断地提升自己的道德修养，而且还要反思自己的行为是否符合道德法则。

故天将降大任于是人也，必先苦其心志，劳其筋骨，饿其体肤，空乏其身行，拂乱其所为〔1〕，所以动心忍性〔2〕，曾益其所不能〔3〕。

——《孟子·告子下》

注释

〔1〕空乏其身行，拂乱其所为：关于此句的断句，有不同的看法。一般认为当在"身"后"行"前断开，即"空乏其身，行拂乱其所为"。白平先生指出，"身行"其实是一个词，表示行为之义。"空乏其身行"的意思是"使其行事没有资财"。（参见白平：《杨伯峻〈孟子译注〉商榷》）拂：违背。

〔2〕忍性：赵岐《注》云："坚忍其性。"意思是使他的性格坚忍不拔。

〔3〕曾：同"增"。益：增加。

译文

所以当上天要把重任降临到某个人的时候，一定会让他的心志痛苦，让他的筋骨劳累，让他的身体饥饿，让他行动时没有资财，让他的行为被扰乱，这样一来使他的内心受到震动，使他的性格坚忍不拔，进而增加他以前没有的能力。

解析

这是《孟子》中的一段经典名言，表明艰难困苦对于个人才能的成长、品性、意志的养成所具有重要的作用，勉励人们要在逆境中磨炼自己的意志，奋发进取，不断学习，提高自己的能力，成就一番事业。在这段话之前，孟子曾举舜、傅说（yuè）、胶鬲、管夷吾、孙叔敖、百里奚等著名历史人物的事迹来作为论据加以说明。他说道，舜是从田野中发达而兴起为王，傅说是在筑墙的时候被提拔任用为殷高宗之相，胶鬲是在贩卖鱼盐时被周文王提拔举用，管仲是从牢狱里出来后被齐桓公任命为宰相，孙叔敖是在海边时被提拔为楚庄王的令尹，百里奚是在集市上被举用为大臣。这些历史人物大多出身于社会的下层，生活环境并不优越，但是都能够自己或者帮助他人成就功业，这是因为艰苦的环境和生活的挫折都没有消磨掉他们的斗志，困苦促使他们努力增强自己的才干，最终成为一代帝王或者是国家需要的政治人才。

孟子这段话，实际上是激励士人要有神圣的使命感，特别是当自己处在艰难困苦的时刻，更需要用这种神圣的使命感来激励自己，从危机与困难中摆脱出来，最终走向成功。

人恒过，然后能改；困于心，衡于虑〔1〕，而后作；征于色，发于声，而后喻。入则无法家拂士〔2〕，出则无敌国外患者〔3〕，国恒亡，然后知生于忧患而死于安乐也。

——《孟子·告子下》

注释

〔1〕衡：通"横"，横塞。

〔2〕入：国内。法家拂士：法度之世臣和辅弼之贤士。拂：通"弼"，辅弼、辅佐。

〔3〕出：国外。

译文

一个人经常会犯错，知道了过错才会去改正；内心困苦、思虑横塞才会有所愤发作为；这些困苦忧虑在面色上表现出来，在言语中吐露出来，才能被别人了解。一个国家，内没有明法度的世臣和能够辅佐君主的贤士，外没有可以与本国抗衡的国家和外部的忧患，这个国家常常就会面临灭亡的灾难。由此可以知道，忧患可以让国家生存，而安逸享乐则导致国家的灭亡。

解析

孟子提出了"生于忧患，死于安乐"的著名哲学命题，由一人之生存环境、人格养成过渡和上升到一国之安危、存亡。无论是个人还是国家，都受到内外两方面因素的制约。多数时候我们无法改变外在的环境，但是可以充分发挥个体的自主性和能动性。一个国家的存亡安危既系于内部政治集团的奋发作为，也与外部的竞争环境有密切关联。在孟子看来，一个国家内部坚持法度的世臣与辅弼的贤士，不会完全顺着君王个人的私欲来治理国家，而是坚持治国的原则与制度，以国家的安危为第一原则来匡正现实君王的想法与做法。而一个国家内有如此贤能的大臣，外有敌国的虎视眈眈，最高的执政者就不敢懈怠，而只能日夜勤勉于政事，则国家将能长久地保持平安。孟子还从人知过能改的角度出发，阐述治国的道理：一个国家要想生存，就要从历史上国家兴亡的事例中汲取教训，心存忧患，等到灭亡时才明白这一道理，为时已晚。可以说，"生于忧患，死于安乐"既是一种鼓励人积极向上的人生哲学，也是一种鼓励执政者奋发有为的政治哲学思想，同时蕴含了深刻的忧患意识。

孟子曰："人之有德慧术知者，恒存乎疢疾〔1〕。独孤臣孽子，其操心也危，其虑患也深，故达〔2〕。"

——《孟子·尽心上》

注释

〔1〕德慧术知：分别指美德、智慧、道术、才智。知，通"智"。恒：经常，常常。疢（chèn）疾：疾病，这里是忧患、灾患的意思。

〔2〕孤臣：远臣，遭到疏远的大臣。孽子：庶子，非嫡妻所生之子。危：不安。达：通晓，达于事理。

译文

孟子说："人之所以有美德、智慧、道术和才智，往往是因为这些人常常身处于忧患之中。只有遭到疏远的大臣和身份卑微的庶子，他们内心不安地考虑事情，深深地思虑祸患，所以才能通达事理。"

解析

此章再论"生于忧患"的道理，朱熹说："言人必有疢疾，则能动心忍性，增益其所不能也。"（《四书章句集注》）此处所论可与"生于忧患而死于安乐"的内容相互参看。

孟子在讨论"天将降大任于斯人也"的问题时已经指出，人格的养成需要一番"动心忍性"的过程。对于有志者和有强烈使命感的人而言，逆境是磨炼自己的机会和场所；对于意志不坚定者或缺乏理想的人来说，只会向逆境投降而无所作为。环境对人的影响是巨大的，从小生活条件优越的人往往经历的困难和挫折不多，难有强烈的忧患意识，也很难有什么使命感。但是对于那些在困境中不断成长起来的人来说，他们不仅善于在困难中提升自己，同时又对未来有着深刻的担忧，往往目光长远。可见，忧患意识对个人品格的形成、才能的提升具有重要的作用。这样的人无论在何种岗位，做何种事情，都会取得较大的成功。

且以巧斗力者，始乎阳，常卒乎阴，（大）[泰]至则多奇巧；以礼饮酒者，始乎治，常卒乎乱，（大）[泰]至则多奇乐[1]。凡事亦然。始乎谅，常卒乎鄙；其作始也简，其将毕也必巨[2]。

——《庄子·人间世》

注释

〔1〕巧：技巧。斗：角斗。始乎阳，常卒乎阴：成玄英《疏》以"阳"为"喜"，以"阴"为"怒"。郭庆藩从郭嵩焘之说，"阴"作"阴谋"解。陈鼓应认为，此解与"多奇巧"正好对应。奇巧：奇诡狡诈。奇乐：狂乐放荡。治：遵守规矩。乱：迷乱。

〔2〕谅：取信、诚信。鄙：欺诈。其作始也简，其将毕也必巨：有不同的译法。一种译法为："许多事情开始的时候很单纯，到后来就变得艰难了。"（陈鼓应：《庄子今注今译》）还有的译法为："许多事情开始时只露出征兆，到最后就酿成大祸。"（方勇：《庄子》评注）

译文

那些以技巧进行角力的人，开始的时候都是明斗，到最后的时候往往就使用阴谋，太过分时为了打倒对方就会采取很多奇诡狡诈的做法；以礼节喝酒的人，开始的时候还遵守规矩，到最后的时候往往就迷醉大乱，太过分时就会荒淫狂乐。所有的事情都是这样。开始的时候彼此相互信任，到最后往往就相互欺诈；很多事情在刚开始的时候比较简单，到将要完成的时候就会复杂。

┃解析┃

庄子在这里指出，事物的发展在开始的时候常常是积极的，到最后时往往变得复杂而趋向于消极，表明了事物的状态在不同的阶段有所转化。"其作始也简，其将毕也必巨"一句后来引申为事业在初创时期往往微不足道、比较渺小，等它将要完成的时候就会发展成巨大的。中国共产党的发展历史已经充分印证了这一点。其从中共一大后仅有 50 余名党员的小党发展为拥有 9500 多万党员的世界第一大党，历经北伐战争、土地革命战争、抗日战争和全国解放战争，推翻了封建主义、官僚资本主义、帝国主义三座大山，建立了新中国，又带领全国各族人民取得了如今举世瞩目的辉煌成就。中国共产党一百年来的奋斗史就是"作始也简""将毕也巨"的真实、生动的写照。

此外，"其作始也简，其将毕也必巨"也有一种忧患的味道。李自成率领的农民起义从弱小慢慢变得强大，但是队伍中的问题也随之增多，最终走向了覆灭的结局。毛泽东带领共产党人的领导集体从西柏坡迁到北平时，曾经形象地比喻为"进京赶考"，并说"决不做李自成"。在今天，为我们不能因为取得了巨大成就而沾沾自喜，丢弃忧患意识，而是要不忘初心、谦虚谨慎，并且能够充分领悟并运用好马克思主义辩证法，努力做到善始而善终。

使公毋忘出如莒时也〔1〕，使管子毋忘束缚在鲁也，使宁戚毋忘饭牛车下也。

——《管子·小称》

注释

〔1〕莒（jǔ）：莒国。

译文

希望您不要忘记流亡在莒国的时候，希望管仲不要忘记被绑在鲁国的时候，希望宁戚不要忘记在车前喂牛的时候。

解析

鲍叔牙规劝齐桓公、管仲和宁戚要居安思危。《管子》记载，有一天，齐桓公、管仲、鲍叔牙、宁戚四人在一起喝酒，喝得很高兴，桓公就问鲍叔牙："为什么不起身为我祝酒呢？"本来是非常高兴的场合，但是鲍叔牙却告诫三人不要忘记自己曾经困顿和危难的时候。这虽然是针对个人而言，言外之意其实是警示齐桓公现在成就了霸业，不可以不居安思危、乐而忘忧！鲍叔牙能在这样的场合说出这样的话，可谓用心良苦。所以，桓公听到了立马离席再拜说："我和两位大夫能不忘记您的话，国家一定不会有危险。"

人的一生总要经历一些苦难，它可以催人成长，也可以压垮人。有的人会牢记苦难并将其转化为前行的动力，有的人则选择遗忘苦难，甚至用安乐来抵消苦难。前者往往能够有所成就，后者则一事无成。只有不遗忘过去的艰难，才能知晓当下的来之不易，珍惜当下。个人如此，国家也如此。所谓"多难兴邦"，是指在经历"多难"后要牢记教训、励精图治才能够"兴邦"。近代以来，面对百年未有之大变局，中华民族遭受了前所未有的屈辱，留下了惨痛的历史教训。为了国人和国家不再受人欺凌、任人宰割，一代代人将自己的青春和生命投入到国家的事业中，矢志不渝。今天我们仍然要牢记历史、不负使命，为实现中华民族伟大复兴的中国梦而不懈奋斗。

故不肖主无贤者〔1〕。无贤则不闻极言〔2〕，不闻极言则奸人比周，百邪悉起。若此则无以存矣。凡国之存也，主之安也，必有以也〔3〕。不知所以，虽存必亡，虽安必危。

——《吕氏春秋·直谏》

注释

〔1〕不肖（xiào）：本意为不孝，如不肖子孙。此处指品行和才能均很差。有时也作谦词用。

〔2〕极言：说话没有忌讳，无所保留。这里指直言进谏，或指忠言。极，尽也。比周：结党营私。比，勾结，贬义词。周，遍及、团结，中性词。语本《论语·为政》："君子周而不比，小人比而不周。"

〔3〕以：原因。

译文

所以无德无才的君主身边就没有贤德之人。没有贤人就不能听到没有顾忌的谏言，听不到没有顾忌的谏言，奸佞小人就会结党营私，各种邪恶的言行就都会出现。如果这样，国家就没有办法生存了。凡是国家的生存，君主的平安，一定是有原因的。不了解这个原因，国家即便是眼下生存也一定会灭亡，君主虽然眼前平安也一定会有危险。

解析

这段典文主要是从贤能的君主和贤德忠贞的大臣两个方面讨论

安不忘危　居安思危

国存主安的问题。作者认为，所谓的贤德忠贞之臣指的是那些敢于犯颜直言进谏的人。这些人出于公心进言，为君主和国家着想，所以才能不顾个人安危。但这样的忠臣也要取决君主本人是否贤能。如果昏庸又无德的君主总喜欢听一些顺心的话，听到逆耳忠言就会发怒，甚至置贤德忠臣处于危险之地。如此一来，身边就不可能一直有贤德忠贞的大臣了。

《吕氏春秋》的《贵直》《知化》《雍塞》等诸多篇章都申明了君主要善于听取谏言的道理。这看起来似乎是一个很简易明白的道理，但实际上对最高的执政者提出了非常高的要求。一方面，进谏作为限制君主权力，提高决策合理性的重要手段在国家治理中具有不可忽视的积极作用，如忠贞的大臣会借助先王之法、祖宗规制等对君主的某些言行进行约束和纠正；另一方面，中国古代究竟还是人治的社会，这一政治功能的效用很大程度上取决于君主的个人品质，这实际上是削弱了诤言直谏对君主约束的强制性和有效性。一旦君主安乐忘危，逐渐膨胀并滥用权力，就容不得诤谏，这就是极权制的君主国家容易走向灭亡的制度原因。

凡官者，以治为任〔1〕，以乱为罪。今乱而无责，则乱愈长矣〔2〕。

——《吕氏春秋·任数》

注释

〔1〕任：胜任，任责，与后文的"罪"相对。

〔2〕长：大也，生长、滋长之意。

译文

凡是任用官吏，把治理得好当作是胜任，把治理得混乱当作是有罪。现在治理混乱却不加责备，那么混乱就会变得严重。

解析

这段典文论述任用官吏必须循名责实，以此从根本上避免社会与政治的祸乱。作者认为，君臣各有其分，官员身居其位就要履行好自己的职责，不能为了保住官位和升官不去劝谏而曲意顺从君主；如果君主只知道举贤任能却做不到，对失职的官员也不责备和处罚，这是莫大的过失。"乱而不责"等于是纵容了尸位素餐、贪污腐败等现象，若不及时遏止和处理，就会助长不正之风，最后酿成大祸。这对于建立和健全行政执法体制和从严治党有重要的启示。

"在其位，谋其政"，领导干部要严于律己，守住为官的底线，做到恪尽职守、权责统一。权力就是责任，有了责任就要敢于担当，不能以权谋私。对于行政执法中的失职渎职现象，要充分利用

安不忘危　居安思危

257

好问责机制，对责任主体进行依法问责追责，做到失责必问、问责必严，唤醒责任意识。对于腐败现象，既要加大查处、惩罚力度，又要健全和完善权力监督和制约机制，让官员"不敢腐""不能腐"。这些都是从严治党的重要举措和表现。只有继续推进和深化全面从严治党，才能经得住"四大考验"（执政考验、改革开放考验、市场经济考验、外部环境考验），应对"四大危险"（精神懈怠危险、能力不足危险、脱离群众危险、消极腐败危险），助力推进国家治理体系和治理能力现代化，保证全面建成小康社会的实现。

众人皆知利利而病病也〔1〕，唯圣人知病之为利，知利之为病也。夫再实之木根必伤，掘藏之家必有殃，以言大利而反为害也〔2〕。

——《淮南子·人间训》

注释

〔1〕众人：一般人，与"圣人"相对。利利：第一个"利"为动词，第二个"利"为名词，即认为利就是利或把利当作利。病病：两个"病"的用法与"利"相同，作名词用的"病"与"害""弊"的意思相近。"众人"三句化用了"圣人不病，以其病病。夫唯病病，是以不病"（《老子·第七十一章》）。

〔2〕再实：一年两次结果。掘藏：盗墓。"葬，藏也。"（《说文》）许慎注："掘藏，谓发冢得伏藏，无功受财。"杨树达："许云发冢，得其义矣，又云得伏藏，非。"（《淮南子证闻》）以："'以'与'已'同。"（《证闻》）"已，此也。"（《尔雅》）大：陶鸿庆："'大'为'夫'字之误。"

译文

一般人都知道把利益当作利益，把祸害病当作祸害，只有圣人知道祸害可以转化为利益，知道利益也可能转化为祸害。一棵树一年结两次果实，它的根部一定会受到损伤，去盗墓得到财产的人家一定会有灾殃，这是说得到了表面的利益却反而遭受祸害。

┃解析┃

　　这段典文再次阐述利害祸福相存相依、相互转化的道理，告诫人们认识事物不要停留在表面。在此文的其他部分，作者通过例举阳虎和司马子反的事例说明了事情发展的走向和结果很可能与自己的初衷和目的相反，即"害之而反利""欲利之而反害之"。在《人间训》中，与此相对应的另一种说法是"损之而益""益之而损"。孙叔敖的儿子辞谢楚王封赏的富饶之地而选择了贫瘠之地，虽然失去了好的土地但最终只有自己保住了封禄（按照楚国的规定，功臣的封禄到第二代就收回）。晋厉公曾驰骋纵横一时，会合诸侯，但是荒淫无度、远贤近佞，引起诸侯不满，结果死在了宠臣的领地。因此，得到好处了不要洋洋得意，很可能乐极生悲，要警惕它可能会带来祸患；取得成就了也不要骄傲自大、过分张扬，要时时保持清醒的头脑，谨慎小心地处世应事。

凡天下之所以不治者，常由世主承平日久〔1〕，俗渐弊而不寤，政浸衰而不改〔2〕，习乱安危，逸不自睹〔3〕。

——《政论·阙题一》

注释

〔1〕世主：当下在位的君主。承平：承袭先君的太平治世，引申为坐享太平。

〔2〕弊：败坏。寤：觉，悟。浸：渐。

〔3〕习乱安危：习与安互文，都有习惯的意思。逸：安逸，安乐。不自睹：不自见，不自知。

译文

凡天下之所以不能治理，常常是因为当世在位的君主坐享太平的日子已经很久了，风俗渐渐败坏却没有发觉，政教渐渐衰败却不改正，习惯了混乱和危险，安乐地身处其中却不自知。

解析

根据《后汉书》的记载，汉桓帝初，崔寔入朝为郎官。《后汉书》又说他"明于政体，吏才有余，论当世便事数十条，名曰《政论》。指切时要，言辩而确，当世称之"。可见，崔寔对时政和社会的弊端有着敏锐的洞察力。《政论》一书集中体现了他对社会弊病的认识、分析，以及除弊救世的思想主张，为时人所重。遗憾的是，完整的《政论》已亡佚，目前所见的本子乃是清人严可均从《后汉书》《群书治要》等典籍中辑出汇编而成。

安不忘危　居安思危

　　自高祖立汉至桓帝即位，汉朝已经存在了三百五十多年（中间王莽篡汉打破了连续性），逐渐进入到王朝的末期。此时朝政腐败、君臣怠懈、风气凋敝、百姓奸伪，时弊百出。崔寔认为，之所以形成这样的局面，很大程度上是因为经过历代君王的治理实现了天下太平，后世君主坐享太平日久，不思进取、以危为安，根本不知道改革除旧、挽救时局。在崔寔看来，君主往往被表象迷惑，看到年成好就认为国家富裕、百姓安乐。他一针见血地指出世风才是国家安危的风向标："风俗者国之脉诊也，年谷如其肌肤，肌肤虽和而脉诊不和，诚未足为休。""金玉其外，败絮其中"，这怎么能算好呢？国家怎么能算是安定呢？面对这样的时局，崔寔认为当务之急是要上下同心、改革除弊、净化风气，以实干的精神使国家回归到正道上，不要空谈尧舜之道、理想盛世。崔寔这种不好高骛远、强烈的务实精神，是国家行政过程长期必备的一种思想的自觉。

彼后嗣之愚主〔1〕，见天下莫敢与之违，自谓若天地之不可亡也，乃奔其私嗜，骋其邪欲〔2〕，君臣宣淫〔3〕，上下同恶。

—— 《昌言·理乱》

注释

〔1〕后嗣：后代子孙。嗣，继承、子孙。

〔2〕乃奔其私嗜，骋其邪欲：于是逞肆他们的嗜好，放纵他们的邪欲。奔，通"奋"。"奔"与"骋"都是放纵、逞肆的意思。

〔3〕宣淫：公然淫乱没有忌惮。宣，公开。

译文

那些后代愚昧的君主，看到天下没有人敢违背自己，就自以为王朝会和天下一样不会灭亡。于是就肆无忌惮地放纵他们的嗜好、邪欲，君主和臣子公然淫乱而没有忌惮，上下一同作恶。

解析

这段典文论述王朝后期君主妄自尊大、穷奢极欲，与臣子一同作恶，自上至下都沉湎于荒淫的腐败景象。历史上任何一个王朝都要经历由治而乱、由盛而衰、由存而亡的过程，仲长统把这一过程分为政权兴建、巩固、衰落至灭亡三个阶段。在仲长统看来，在新政权建立的时期，天下豪杰角智角力，直到有人成为最终的胜利者才得以安定。由此他认为开国之君是通过角力、角智产生的，并不是"天命"就可以完全解释。所谓的"天命"不过是胜者取得政权以后，为了解释新政权的合法性而进行的事后的人为的装饰。这一认识无疑极大地冲击了当时流行的"天命"观念。到了政权稳固的第二阶段，天下太平，百姓安居乐业，人心归一。但是到了第三阶段，王朝逐渐开始走下坡路，慢慢衰落直至灭亡。这是因为君主对于天下形势的估计过分乐观，以为江山永固，于是无节制地纵欲作恶，荒废朝政、宠信奸佞、毒害百姓，结果导致祸乱兴起，国家一日而亡。

　　仲长统看到，不同的王朝存在的时间有长有短，但一定都会经历这三个阶段；王朝衰败或灭亡的表现虽不尽相同，在实质原因上却是一致的。这是仲长统对两汉及其以前的王朝之兴衰现象的概括和描述，很显然，这一总结同样适用于后来的历朝历代。这说明，仲长统对传统社会王朝政治存亡规律的认识和把握，在当代仍然具有一定的参考价值。

求木之长者，必固其根本；欲流之远者，必浚其源泉〔1〕；思国之安者，必积其德义。

——《贞观政要·君道第一》

注释

〔1〕浚（jùn）：疏通。

译文

要想树木长得好，一定要稳固好它的根；要想河水流得远，一定要疏通它的源头；考虑国家的长治久安问题，就一定要积累执政者对于人民的德惠道义。

解析

此段文献原出魏徵的《谏太宗十思疏》。贞观十一年，魏徵上书唐太宗，陈"居安思危，戒奢以俭"之意。此《疏》开宗明义地指出，只有抓住事物的根本才能保证事物长远地存在和发展下去，要想保证国家的长治久安，君主就要对人民积累道义。魏徵主要是希望通过唐太宗个人政治品德的保持而维持唐王朝的政治清明局面。唐太宗牢记隋亡的教训，贞观之初就曾对身边的近臣说道："若安天下，必须先正其身"，并将其作为基本的治国理念。这与《大学》所谓"自天子以至于庶人，壹是皆以修身为本"的思想具有高度的一致性。

在《疏》中，魏徵将唐太宗的"正身"要求具体化，极具针对性地提出了"十思"，牢记"十思"、弘扬"九德"，就可以实现长

安不忘危　居安思危

治久安。其中"见可欲则思知足以自戒"就是节制欲望，不要纵情傲物；"忧懈怠则思慎始而敬终"就是要做到善始善终；"惧谗邪则思正身以黜恶"则是加强自我约束，正其身远邪佞，如此等等，均是对唐太宗"正身"要求的具体化。

贞观三年，太宗谓侍臣曰："君臣本同治乱，共安危。若主纳忠谏，臣进直言，斯故君臣合契〔1〕，古来所重。若君自贤〔2〕，臣不匡正，欲不危亡，不可得也。君失其国，臣亦不能独全其家。"

—— 《贞观政要·君臣鉴戒第六》

注释

〔1〕合契：对合符契，这里引申为符合、投合。

〔2〕自贤：自认为有才能，自以为是。

译文

贞观三年，唐太宗对身边的大臣说："君主和臣子本来应当同分担治乱的职责，共同面对安危的局面。如果君主能够采纳忠诚的规谏，大臣能够进奏正直的言论，这种君臣同心同力的局面，是自古以来就受到推重的理想状态。如果君主自以为是，臣子也不去纠正，想要国家不危亡，那是不可能的。君主丧失了自己的国家，臣子们也不能够单独保全自己的家庭。"

解析

一般认为，宋朝（尤其是仁宗）时形成了"皇帝与士大夫共治天下"的政治格局，这样一种政治理念和实践为宋朝营造良好的政治生态奠定了重要基础。事实上，与"皇帝与士大夫共治天下"类似的思想认识在唐太宗时就已经提出，那就是"君臣共治"。此一治国理念和方略在当时无疑是极富进步意义的，它集中体现在君臣关系上。第一，一定程度上动摇了"君为臣纲"之中君主的绝对权威，一切不再是"唯天子至上"，大臣对君主的决策可以提出反驳意见进而使决策更加正确，其中蕴含了权力制衡的思想。第二，君臣之间有着直接的利害关系，要共同为国家负责。皇帝虽然贵为天子，天下安危皆系于皇帝，但是皇帝身处深宫之内，不可能完全了解天下所有的事情，这就需要各级的官员作为皇帝的耳目、手足协助皇帝处理天下之事。如魏徵曾上疏说："然则首虽尊极，必资手足以成体；君虽明哲，必藉股肱以致理。"唐太宗也强调君臣不可"上下相疑"，要"义均一体""协力同心"。第三，基于前两点，君主和大臣要提高自己的政治品德和素养，君主要仁义宽厚，善于听取意见；文官则要恪尽职守、敢于直言进谏。"君臣上下，各尽至公"，如此才能实现天下大治的局面。

不以物喜，不以己悲，居庙堂之高则忧其民〔1〕，处江湖之远则忧其君〔2〕。是进亦忧，退亦忧。然则何时而乐耶〔3〕？其必曰"先天下之忧而忧，后天下之乐而乐"乎！

——《岳阳楼记》

注释

〔1〕居庙堂之高：指在朝中做官。庙堂，指朝廷。

〔2〕处江湖之远：指遭到贬谪，不在朝中为官。

〔3〕然则：既然这样，那么。

译文

不因为外物的好坏或者自己的得失而感到喜悦或悲伤，在朝廷里做官就要心忧百姓，遭到贬谪，身处江湖要心忧国君。这即是说在朝做官有所忧虑，不在朝做官也有所忧虑。既然这样，什么时候才能快乐呢？那一定是"在天下人忧虑之前忧虑，在天下人快乐之后而快乐"吧！

解析

《岳阳楼记》是范仲淹写的一篇著名散文，其中"不以物喜，不以己悲""先天下之忧而忧，后天下之乐而乐"两句成为千古传唱的名句，也是范仲淹一生坚持的处世准则。这两句话高度凝结了中国传统士大夫不计个人荣辱得失、心系社会的担当意识和奉献精神，集中表达了传统优秀士人忧国忧民的家国情怀和先人后己的精神境界。这对于当前中国社会加强执政党的党员修养和培养广大青年知识群体爱国主义精神，均具有极强的现实意义。

从加强党员修养的角度来说，每个人应当处理好个人利益与国家利益的关系，始终把国家和民族的利益放在首位。毛泽东曾说："共产党员无论何时何地都不应以个人利益放在第一位，而应以个人利益服从于民族的和人民群众的利益。"刘少奇在《论共产党员的修养》中指出："党的利益高于一切，这是我们党员的思想和行动的最高原则。根据这个原则，在每个党员的思想和行动中，都要使自己的个人利益和党的利益完全一致。""先天下之忧而忧，后天下之乐而乐"的精神与共产主义道德相通相容，党员要以此自勉，增强党性、克己奉公、埋头苦干。从培养爱国主义精神的角度来说，爱国主义是中国民族精神的核心，培养现代公民的爱国主义精神要善于利用和转化中国传统的思想资源，将其融入爱国教育中，内化于心、外化于行，培育合格的社会主义接班人。

齐高帝践阼，召瓛入华林园谈语，问以政道[1]。答曰："政在《孝经》。宋氏所以亡，陛下所以得之是也。"帝咨嗟曰："儒者之言，可宝万世。"[2] 又谓瓛曰："吾应天革命，物议以为何如？"[3] 瓛曰："陛下戒前轨之失，加之以宽厚，虽危可安；若循其覆辙，虽安必危。"

——《南史·列传第四十》

注释

〔1〕齐高帝：萧道成（427—482），字绍伯，为南齐的开国之君。践阼（zuò）：指即位、登基，也作"践祚"。瓛（huán）：刘瓛（434—489），字子珪，沛国相县（今安徽宿州市）人，江左名士刘惔的六世孙，博通《五经》。政道：施政的方略。

〔2〕咨嗟：赞叹。宝：珍视、珍藏。

〔3〕应天革命：顺应天道变革天命，指朝代的变革、更替。物议：众人的议论，多贬义。

译文

齐高帝即位，召见刘瓛到华林园谈话，询问施政的方法。刘瓛回答说："为政之道都在《孝经》里。这是刘宋之所以覆灭，陛下之所以得天下的原因。"齐高帝赞叹说："您说的话，可以珍藏万世。"齐高帝又对刘瓛说："我顺应天道以齐代宋，你认为如何消除人们的非议？"刘瓛说："陛下以前车之失为鉴戒，用宽容仁厚的政策施加于人，即便是危机也可以安定；如果重蹈覆辙，即便是安定也一定会有危险。"

安不忘危　居安思危

|解析|

　　萧道成原本是刘宋时期的大臣，后来独揽朝政大权，谋杀后废帝刘昱，拥立刘准为帝，即宋顺帝，又逼顺帝禅位，最终篡取刘宋政权而建立南齐。正因如此，萧齐政权面临着社会上的种种非议。刘瓛以儒学闻名于世，《南史》记载他"儒业冠于当时""当世推其大儒"。齐高帝召见刘瓛一方面是请教为政理国之道，另一方面也是塑造自己礼贤下士、开明君主的政治形象，以此尽量消除"物议"。刘瓛认为"政在《孝经》"其实是较为隐晦的说法，实际上指的是刘宋内部惨绝人寰的宗室屠杀，这是刘宋之所以灭亡而萧道成能够专权的重要原因。刘宋皇室为了争夺权力而手足相残，违背人伦导致最高权力旁落甚至丧国。所以刘瓛告诫齐高帝要以此"前轨之失"为戒，并且实行仁厚的政策，这样即便是有不利于政权的言行也不会危及根本。否则，只能是重蹈刘宋灭亡之覆辙，难以长久地维持新政权。

　　将刘宋亡国的原因归于宗室屠杀，是包括刘瓛在内的当时很多人的看法。不过，也有人认为其原因在于弊政。萧道成对这两者均有认识，所以在位时能致力于革除弊政，关心百姓，扭转了刘宋末期以来的乱局。他临终前还告诫太子要汲取刘宋内部因权力斗争而互相残杀的教训，应当团结爱护同室宗亲，保证政治稳定，以实现国家的平稳发展。吊诡的是，萧齐皇室的内部矛盾不仅没有得到解决，而且随着齐高帝的去世愈演愈烈，重演了刘宋的政治悲剧。相比于刘宋，萧齐的内部政治斗争极为惨烈，可谓是有过之而无不及。这也使得萧齐成为一个短命的王朝。事实上，刘宋与萧齐的失败与灭亡不是仅从伦理上就可以完全解释的，背后有着更加深刻的制度性因素。

雕琢害力农[1]，纂绣伤女工[2]，奢靡之始，危亡之渐也[3]。

——《新唐书·列传第三十·褚遂良》

注释

〔1〕害：妨碍。力农：致力于农事。

〔2〕纂绣：编织刺绣。伤：妨碍。

〔3〕渐：苗头。

译文

雕琢妨害人们致力于农事，编织刺绣妨碍妇女的手工劳动，奢侈浪费的开始，就是危险灭亡的苗头。

解析

这段典文指出，要警惕奢靡浪费的苗头，这是关系到国家安危的重大问题。根据《新唐书》的记载，魏王李泰是唐太宗的第四个儿子，礼仪等第却和嫡长子一样，生活也极为奢侈，大臣们都不敢谏言。唐太宗认为，当时舜制造漆器，禹雕饰俎（zǔ）器（古代祭祀时放祭品的器物），十几个人谏言也没有阻止，何必在乎这些小事呢？在褚遂良看来，奢靡浪费的风气正是从这些看起来不起眼的小事开始形成的：如果喜欢漆器不止，以后就会用金子来做器具；喜欢金器不止，以后就会用玉来做器具。喜欢漆器只是奢靡浪费的一个苗头而已，一旦不加阻止，任由其发展成风，到时候再改变就晚了。唐太宗深以为是。

勤俭节约是中华民族的传统美德，诸葛亮就曾告诫他的孩子要

安不忘危 居安思危

"静以修身，俭以养德"，勤俭可以修身，也可以持家、治国，戒奢以俭是自古以来为君臣所重视的为政理念。人们在生活条件艰苦恶劣的时候，往往能够做到勤俭奋斗；在生活安逸的时候，就容易放松警惕、放纵自己、奢侈浪费。奢靡浪费不仅是个人生活作风问题，也关系到社会的风气和国家的安定。在今天的中国，奢靡之风会腐蚀干部、滋生腐败，损害党和国家的形象和公信力，要坚决反对和整治奢靡之风，建立起强有效的制度和舆论监督机制，从源头上杜绝浪费，在全社会营造以节约为荣的良好社会风气。

忧劳可以兴国，逸豫可以亡身〔1〕，自然之理也。

——《新五代史·伶官传序》

注释

〔1〕逸豫：安乐。"逸"与"豫"均有安闲、安乐的意思。

译文

忧虑辛劳可以使国家兴盛，安闲享乐可以使自身灭亡，这是自然而然的道理。

解析

《伶官传序》是北宋著名政治家、文学家欧阳修的一篇史论体裁的文章。这篇文章以"盛衰之理，虽曰天命，岂非人事哉"立论，以唐庄宗得天下与失天下的事例为论据加以论证，总结历史教训，对论点进一步发挥，阐明了"忧劳可以兴国，逸豫可以亡身"的"自然之理"。欧阳修希望以此讽谏最高执政者要励精图治，切莫安逸享乐。

北宋初期，薛居正编写《旧五代史》，认为国家盛衰、王朝更迭乃天命所为。欧阳修则提出其关键在于"人事"。事实上，薛、欧两人的史观基本上代表了古人对于国家治乱兴替原因的主流看法，一者认为这是上天的意志，反对者则认为是"人事"在起作用。虽然在北宋以前，已经有很多思想家极力批评将国家兴亡系于"天命"而否认"人事"的观点，但是这种天命观在古人心中根深蒂固，长期影响着人们。我们可以说，盛衰之相互转化是必然之

安不忘危　居安思危

275

理，而促使其转化的动力和条件则离不开人为。唐庄宗为后唐开国之主，有勇有谋、文武双全，曾谨守父亲遗命，矢志复仇、开疆拓土，创立帝业、无人能敌，此"得天下"，成之于"人事"；但是后期庄宗重用伶人、滥杀功臣、沉湎于享乐，导致人心背离，故"失天下"，败之于伶官。这就是不修人事、忘记居安思危的后果。此警语与"生于忧患，死于安乐"同工，这样的历史教训不限于庄宗，而是具有普遍意义。

天下之患，最不可为者〔1〕，名为治平无事，而其实有不测之忧。坐观其变而不为之所〔2〕，则恐至于不可救；起而强为之，则天下狃于治平之安而不吾信〔3〕。

——《晁错论》

注释

〔1〕为：解决。

〔2〕所：解决措施。

〔3〕狃（niǔ）：习惯。不吾信：不信吾，否定句宾语前置，即不相信我。

译文

天下的祸患，最难以解决的就是表面上看起来太平无事，但它实际上有难以预料的忧患。旁观祸患发展变化却不想办法应对，那么恐怕祸患就会发展到不可挽救的地步。着手强制性地去解决它，可天下的人又会习惯于社会治理安定的表象而不相信我的作为。

解析

《晁错论》为苏轼所作，分析了晁错缺乏临危不惧的精神和坚忍不拔的意志，认为这是其削藩之策失败并招致杀身之祸的主观原因。在文章的开头，苏轼就指出：天下的大患莫过于表面现象和实际情况不相符合。这是暗指汉景帝时国家表面上安定太平，但是诸侯的势力已经发展到威胁到中央和皇权的地步。对于国家的隐患，有的人会选择"坐观其变"，有的人则会"起而强为之"。苏轼认为，

安不忘危　居安思危

人要想消除隐患成就事业至少要具备两个条件：一是敢于冒天下之大不韪，挺身为国，建立大业；二是不图一时功名，循序渐进地解决问题。晁错看到了汉王朝的隐忧，提出了削藩的建议，结果引起了诸侯的不满，导致了"七国之乱"。削藩的策略本是出于对国家的考虑，但是晁错急于求成、意志不坚定、妄图自保，削藩事业也因此破产。这才让苏轼发出了"古之立大事者，不惟有超世之才，亦必有坚忍不拔之志""世之君子，欲求非常之功，则无务为自全之计"的慨叹。

苏轼这一名篇寓意深远，留给后世巨大的思想财富。有时候，暴风雨来临之前是宁静的，要善于发现和思虑那些不易察觉、正在积累发展的隐患，不要被表面的繁荣稳定遮蔽了心智，居安思危的道理万古不易。无论是政治改革还是其他领域的改革，都不可能是一蹴而就的，而是一个需要坚持的长期事业，并要根据实际情况循序渐进，切莫急功近利。同时改革也是一项艰巨的事业，一定会触动既得利益，这时候就需要有"虽千万人吾往矣"（《孟子·公孙丑上》）的勇气和魄力，矢志不渝和坚忍不拔的精神。

责任编辑：洪　琼

版式设计：顾杰珍

图书在版编目（CIP）数据

安不忘危 居安思危／吴根友，刘思源 编著 . —北京：人民出版社，2022.5

（典亮世界丛书）

ISBN 978－7－01－023964－4

I.①安…　II.①吴…②刘…　III.①中华文化－通俗读物　IV.① K203-49

中国版本图书馆 CIP 数据核字（2021）第 231544 号

安不忘危　居安思危

ANBUWANGWEI JU'ANSIWEI

吴根友　刘思源　编著

人 民 出 版 社 出版发行

（100706　北京市东城区隆福寺街 99 号）

北京中科印刷有限公司印刷　新华书店经销

2022 年 5 月第 1 版　2022 年 5 月北京第 1 次印刷

开本：710 毫米 ×1000 毫米 1/16　印张：17.75

字数：280 千字

ISBN 978－7－01－023964－4　定价：79.00 元

邮购地址 100706　北京市东城区隆福寺街 99 号

人民东方图书销售中心　电话（010）65250042　65289539